永修读本

YONGXIU DUBEN

U0683125

二十一世纪出版社集团
21st Century Publishing Group

图书在版编目（ＣＩＰ）数据

永修读本 /《永修读本》编委会编著. —南昌：
二十一世纪出版社集团, 2019.9
ISBN 978-7-5568-4357-2

Ⅰ.①永… Ⅱ.①永… Ⅲ.①永修县—概况—中学—
乡土教材 Ⅳ.①G634.591

中国版本图书馆CIP数据核字(2019)第185115号

永修读本

作　　者	《永修读本》编委会
责任编辑	刘晨露子
特约编辑	张国功　蒲　浩
装帧设计	李　峻
出版发行	二十一世纪出版社集团
	（地址：江西省南昌市子安路75号　330009）
经　　销	新华书店
印　　刷	江西茂源艺术印刷有限公司
版　　次	2019年8月第1版
印　　次	2019年8月第1次印刷
印　　数	1~26 000册
字　　数	210千字
开　　本	787mm×1092mm　1/16
印　　张	13
书　　号	ISBN 978-7-5568-4357-2
定　　价	57.00元

赣版权登字 —04—2019—482　　版权所有·侵权必究
（图书凡属印刷、装订错误，由本社负责退换，服务热线：0791-88505535）

《永修读本》编委会

主　任：杨泽旗

副主任：易晓龙　陈光来（常务）

　　　　李花子　曹根蓉

　　　　赵　鹏　张　霞

委　员：雷兆凤　卢小扬

　　　　邹华生　帅世庆

　　　　朱迎山　杨　垠

主　编：陈光来

副主编：卢小扬　罗勇来

编　委：徐　峰　淦家凰

　　　　柳云强　李　鸣

　　　　熊茂辉　侯志刚

前　言

一方水土，养一方人。

永修，山清水秀，历史悠久，物华天宝，人杰地灵。早在4000多年前，我们的先民就在这里繁衍生息。永修古称艾地，汉高祖六年(前201)，设海昏县，为建置之始。南北朝改建昌。1914年改称永修，取"泮临修水，永蒙其利"之意。

永修地理位置优越，自然景观秀美。她东临鄱阳湖，西依幕阜山，南望滕王阁，北倚匡庐峰。境内有风光旖旎的云居山、碧波浩渺的柘林湖，有百舸争流的修江、物产丰饶的潦河。她是"磨刀李"的源头，是佛教曹洞宗的发祥地，是"样式雷"的故里，也是汉代海昏文化、吴城赣商文化、云山农垦文化的所在地。

永修民风民俗淳朴，人文底蕴厚重。历代名流志士诸如陶渊明、李白、白居易、苏东坡、黄庭坚、朱熹、文天祥等人曾先后到此，留下千古流传的诗文。从这里走出的有杨嗣复、李常、李燔、魏源、陈思燏以及"样式雷"家族等一大批彪炳史册的历代名人，也有张朝燮、王经燕、王环心等一大批为民族独立和解放而抛头颅、洒热血的英雄儿女。

为挖掘和弘扬永修文化，改变目前尚无一本较全面介绍永修的乡土教材的现状，县委、县政府委托县政协牵头，组织编写了《永修读本》。

该书按内容分为"历史名人""峥嵘岁月""山水名胜""故土情怀""非遗民俗""民间逸闻""名诗名篇"七大板块及相关链接。通过扫描相关链接的二维码，可获得更多内容。全书融思想性、知识性和趣味性于一体，全方位、多角度、立体式地展现永修的历史文化、人文风貌和自然山水等。

　　《永修读本》主要面向全县中学生，同时也可作为社会大众的普通读物。这对人们认识永修文化，扩大永修影响，提升永修整体形象和知名度，以及增强对永修的人文认同与自信心和自豪感，具有重要的现实作用和深远的历史意义。希望广大读者能通过阅读这本乡土读物，走进永修、了解永修、热爱永修，把永修建设得更加美好！

《永修读本》编委会

2019 年 6 月

目录

MULU

　　永修自古人杰地灵，人文光辉照耀史册。透过厚重的历史背影，我们可见一个个鲜活生动的面容：他们或成为一代名臣，彪炳青史；或矢志弘扬佛法，普度众生；或献身航空伟业，书写忠诚。他们的精神品格是我们民族不屈不挠、奋然前行的原动力。我们通过对历史名人的追忆和解读，实现穿越时空的交流与沟通。铭记先贤，开启未来。

宰相杨嗣复

熊茂辉

唐代后期，有一位担任过两朝宰相的建昌人。他承继先德，功显当朝，殚精竭虑，苦苦支撑着风雨飘摇的晚唐。他，就是杨嗣复。

杨嗣复，字继之，生于783年。他从小聪明伶俐，身为宰相的外公韩滉对其喜爱有加，曾抚摸他的头顶说："名与位皆逾其父，杨氏之庆也。"因此，又取"庆门"为字。

杨嗣复8岁就能背诵经书，提笔成文。20岁高中进士，官授剑南幕府。他博学多才，能言善辩，深受当朝宰相武元衡赏识和器重，累迁至礼部员外郎。当时，他父亲杨於陵官居户部侍郎。杨嗣复就向皇帝上书，言明与

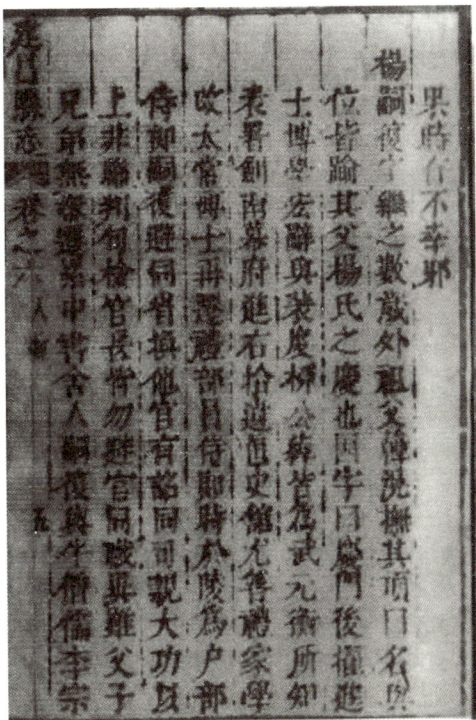

《建昌县志》

父亲同在尚书省为官，请求避嫌。皇帝深知父子俩的人品和操守，于是下诏："如官署同，职司异，虽父子兄弟无所避嫌。"他这种为官之德完全是传承了父亲的秉性。早年他父亲任鄂岳观察使时，外公韩滉已是朝廷宰相。父亲也曾选择回避，离开官场，重归建昌县潜心读书。直到外公去世后，父亲才肯应诏做官。

杨嗣复与父亲杨於陵同朝为官多年，先后在吏部和户部任职。他们尽心尽责，革除时弊，积极作为。

在吏部，父子俩发现了对官吏调补不公和不少官吏贪腐的问题。于是，他们向皇帝奏请并获准，把"考判"和"任命"结合起来，使德才兼备的人得以重用，庸官贪官受到惩罚。四年间，通过甄选和核实，调整并处理官员三千余人，形成了相对平等、公允的官员任用制度，有效避免了任人唯亲、结党营私等弊端，一度净化了官场的风气。

在户部，父子俩大胆实施财政税赋的改革。他们通过"实物抵税"、开拓财源、增加市场货币供应等措施，改变了当时百姓"钱荒"和市场交易混乱的现状，极大地维护了社会稳定，促进了经济发展。

杨嗣复忠介耿直，敢于仗义执言。大和年间，宰相李宗闵遭受诬陷被罢免。杨嗣复在文宗面前力主为李宗闵辩护，并上奏请求重新任用他，却深陷"牛李党争"之中。对于党争，人们唯恐躲之不及，就连回京上任的白居易，为避开党争，也请求离开京城，出任杭州刺史。而杨嗣复却不畏强权，据理斗争。因此他受到牵连，被贬为剑南东川节度使。

开成初年（836），朝廷召回杨嗣复出任户部侍郎，后又改任诸道盐铁转运使。由于治理地方成绩突出，两年后，文宗擢升杨嗣复为宰相。

这一时期，宦官专权，党争激烈，藩镇林立，形成了濒临分崩离析的复杂政治局面。身处其中的杨嗣复，积极奔走，尽心竭力地弥合各种关系的裂痕。开成五年（840），他经历的一起史称"紫宸奏事"之争的事件，反映出他刚正不阿、敢于担当的

紫宸奏事

品性，以及不遗余力地支撑着唐王朝政局的苦心。

那天在紫宸殿上，杨嗣复与其他几位宰相在向文宗奏报褒奖廉官、整治奸臣的事务。郑覃提醒皇上要提防朋党。杨嗣复回应道："郑相怀疑臣是朋党，臣该免职。"说罢，向文宗拱手，一鞠到底，恳请罢相。李珏看郑覃说得太直接，就提示说："朋党已经很少了。"郑覃不怀好意地说："有领头的就会死灰复燃。"皇帝扫了他们一眼，责问："朋党不是已经没有了吗？"郑覃不冷不热地说："还有一拨人存在。"李珏看到气氛很尴尬，就扯开话题，改谈边境事情。郑覃不依不饶地说："谈到边境情况的好坏，臣不如李珏；讨厌朋党，李珏不如臣。"杨嗣复强压怒火问道："不知郑相到底说谁是朋党呢？"说着，他对着香案，又向文宗顿首行礼："臣为宰相，不能推荐贤才，贬斥奸臣，被人嘲讽为朋党，这怎能维护朝廷的威信？"杨嗣复再次恳求罢相。

文宗脸色凝重，摆了摆手，止住了这场争辩。他没有同意杨嗣复的请求，并好言安抚。随后，文宗罢免了郑覃和其他宰相，只让杨嗣复独立掌管朝堂和天下事，由此可见文宗对杨嗣复的信任和倚重。

三个月后，文宗去世。宦官仇士良废除遗诏，拥立武宗继位。在文宗下葬时，朝臣试图谋杀仇士良。杨嗣复受到牵连被罢相，贬为吏部尚书，从而结束了他三年八个月的宰相生涯。虽然杨嗣复在宰相任上时间不长，但他经历了两朝皇帝。残酷的党争牢牢地捆绑了杨嗣复的手脚，让他励精图治的理想抱负难以施展，全部的心血和精力被消耗殆尽。这不能不说是一种悲哀。

后来，杨嗣复又被贬为潮州刺史。847年，宣宗继位，次年下诏，从潮州召回杨嗣复，升迁他为吏部尚书。可在返京路上，杨嗣复突发疾病，溘然辞世，时年66岁。殁后赠尚书左仆射，赐谥号"孝穆"。

杨门家风代代相传，杨氏家族人才辈出。值得一提的是，据河南省《弘农杨氏族史》、陕西省《神木前川杨氏家谱》记载，以及"杨家将文化研究会"进一步考证，北宋杨家将的始祖杨业为杨嗣复第六世孙。

名臣李常

罗勇来

李常（1027—1090），字公择，宋仁宗皇祐元年（1049）中进士，在政治舞台上活跃了40多年，先后担任过太守、户部尚书、御史中丞和龙图阁直学士等职务。

李常自幼聪明好学，才思敏捷。青年时代，与其弟李布一起，从故乡建昌迁居到庐山脚下白石庵僧舍闭门读书。白石庵重冈幽邃，茂林修竹，林泉隐趣。南宋理学家朱熹有诗赞曰："蹑石寻急涧，穿林度重冈。俯入幽谷邃，仰见奇峰苍。"

面对绿水青山，兄弟二人读书对诗，相互鼓励，并将所读之书亲手抄录，共计9000余卷。李常离开白石庵后，将书全部寄存庵中，供学子们借阅。山中之人受益匪浅，周边学风渐浓，人文蔚起。人们改庵名为李氏山房。李氏山房是我国历史上有记载的第一家私人图书馆。李常的挚友、大文豪苏轼深为赞许，特作《李氏山房藏书记》以记之，并希望后人懂得"昔之君子见书之难，而今之学者有书而不读为可惜"的道理。

李常对后人的教育培养不遗余力，《宋元学案》等书中记录了他在家中公开

林泉修竹

讲授《孟子》文章的事迹。他的晚辈黄庭坚、李秉彝①、李彭②等人深受教益，成为一代名家与诗人，其中成就最大的要数黄庭坚。

黄庭坚14岁时，由于父亲去世，开始跟随舅舅李常学习。李常前往浙江

市舶司旧址

天台、安徽淮西等地任职，都要带上黄庭坚，让他跟着到处游学，以增长知识才干，还把黄庭坚的诗文推荐给苏轼等当时的名家。在李常的教育培养下，黄庭坚声名大震，成为江西诗派的开派宗师和领袖，与苏轼齐名，并称"苏黄"。可以说，李常对黄庭坚的成才有再造之功，正如黄庭坚本人所说的那样："长我教我，实惟舅氏。"

1086年，哲宗即位，李常被召回京城，调任户部尚书。当时海上贸易正在兴起，他敏锐地意识到它的重要性，建议朝廷加强对海上贸易规范管理，为此专门奏请设立了泉州、密州等处的市舶司③。泉州港是古代"海上丝绸之路"的起点，先后有40多个国家和地区在泉州与我国进行贸易往来。李常奏请设立的泉州市舶司一直有效地运行了数百年，足以证明他的远见卓识。

1088年，在户部尚书任上，李常组织苏辙等人编撰了《元祐会计录》一书，共30卷。该书采用了"旧管、新收、开除、实在"的四柱结算法进行财政管理，平衡财政收支，精确记载了当时中央和地方的财政收支、民赋、储运等数据，是研究北宋时期财政特别是王安石变法之后财税情况的宝贵史籍。

纵观李常的一生，他既是一位封建王朝的治世名臣，也是一位在历史上有卓越贡献的文化名人。

---

① 〔李秉彝〕号德叟，是李常的弟弟李布之子。
② 〔李彭〕字商老，江西诗派著名诗人，李常侄孙，著有《日涉园集》。
③ 〔市舶司〕进出口贸易管理机构，类似于今天的海关。

明朝廉吏魏源

阿 佐

　　青山埋忠骨，英名世代传。在云居山北麓的易家河交椅山下，有一处近600年历史的明英宗钦赐墓葬，安葬着被后人颂之为"刚人"的魏源。墓前立有一块由石鳌驮着的高约一丈、宽六尺的大石碑，上刻"皇明敕葬刑部尚书魏公文渊神道碑记"，两边伴有雕刻精美的石马、石羊和石人。

　　魏源字文渊，号爱竹，洪武十五年（1382）生于建昌县易家河魏家山村。他从小志向远大，性格刚毅。13岁时，他在《咏桂花》一诗中，写出了"志气胸中藏日月，文章笔下走龙蛇。他年大展拿云手，压倒江南宰相家"这样豪气冲天的诗句。

魏源雕像

　　永乐三年（1405），24岁的魏源考取了举人，第二年荣登进士。他先后被朝廷任命为福建、广西、贵州的监察御史，浙江按察使等职。他以包拯为标杆，严厉惩治腐败，一心一意为百姓谋福祉。

宣德年间，西安发生瘟疫，魏源立刻督促地方官员大量购置、发放药物，组织医官前往治疗，救治了大量的病人。他专门上奏：陕西各地府仓积存的粮食很多，现在西安发生大的瘟疫，影响农民生活和生产，请求减免疫区

魏源墓前石马

百姓的部分税收。这一建议得到了明宣宗的采纳，大量灾民的困境得以缓解。

宣德五年（1430），河南发生大面积旱灾，百姓纷纷逃亡。皇帝紧急任命他为河南左布政使。魏源一到任，立即制定救灾措施，开仓赈灾，免除赋税徭役，逃亡的百姓陆续返回故乡。不久，旱灾因为雨季的到来得到缓解，魏源随即组织灾区百姓开展生产自救。由于措施得力，河南取得了粮食大丰收，这成为朝野公认的奇迹。

明英宗继位后，提拔以刚直廉洁闻名的魏源为刑部尚书，掌管全国的法律刑狱与司法监督。任职期间，魏源始终秉持公平公正原则，审理各类案件。发现下级审判不合理的地方，他及时予以纠正。当时的陕西按察司佥事向他反映，依照律法规定，在处置武臣犯罪的时候，处罚条文过于苛刻。魏源就此专门奏请皇帝，把这个不合理的规定废除了。

正统二年（1437），魏源代表朝廷，巡视抗击北元的边防。他到达后，积极清查宣府、大同两大军镇的军饷拖欠以及军屯侵占案件，依法处置了十几名违纪的军官；派都督李谦、杨洪守卫独石堡垒，在险要地区增设威远卫，在独石至宣府之间的路上，增置很多防守关卡，增修了开平城、龙门城；免除了屯军应该交纳的租金，整修军备，储存了大量的火器以应付突发事件。原本应在军中服役但是利用特权逃避的权贵们害怕魏源，纷纷回来服役。史书高度赞誉魏源："易将卒，增亭障，实军伍，边备充实，为一时能臣。"

魏源举贤任能，奖励提携后学。他多次据理力争，推荐名臣于谦[①]任职。于谦不负众望，后来成为挽救明朝危机的中流砥柱。在刑部左侍郎任上，他推举刑部郎中戴琼[②]前往广西，担任布政使司左参议，还推荐滩溪名士、临武知县袁均哲[③]就任郴州知府。袁均哲在郴州除虎患，修水利，兴利除弊，至今还被人们称道。

魏源重视家风家规教育，留下了不少有关家风家规的诗歌和文章，诸如《十劝文》《十戒文》等。这些诗文成为廉政文化宝库中的精粹，至今仍有教育意义。在《任职寄家书》中，他殷殷叮嘱子孙后代：

幼者读书心需卓立，长者治家切莫谋私。子有私心，父有公法。不可恃富欺贫，毋得将大压小。做事要有始有终，持家须立纲立纪。执一老诚，警其造次。不慕嬉戏，莫学骄奢。毋喜怒不常，要好和为善。戒面是背非，要心和意顺。往来老老诚诚，坐立敦敦笃笃。不可恍恍惚惚，惟宜斟斟酌酌。

数百年来，魏氏家风醇厚，教育得法，人才辈出，涌现出高州知府魏铭、庆元知县魏珵等代表人物。他们为人正直，为官清廉，留下了不俗的口碑。

正统九年（1444），魏源病逝于北京。吏部尚书王直为他书写了御制碑文，许多王侯大臣撰写了挽联悼诗。朝廷赐予他谥号"文忠"，用来肯定他"慈惠爱民为文，危身奉上为忠"的一生。

---

① 〔于谦〕（1398—1457）字廷益，浙江钱塘（今杭州）人，明朝名臣，民族英雄。
② 〔戴琼〕（1374—1452）字良玉，号间右，永修滩溪三房桥人，任刑部云南清吏司主事、刑部郎中、广西布政使司左参议。
③ 〔袁均哲〕（1394—1466）一作钧哲，字庶明，永修滩溪南湾灌叟袁家人。先后任海阳教谕、临武知县以及郴州、琼州、黎平知府等职。著有《太音大全集》《群书纂数》等书。

台湾知府陈思燏

卢小扬

在马口镇爱华村，有一个古老的小山村——安埔。村前阡陌交错，村后青山如黛。这方沃土哺育着村里世代子民，培育了不少历代知名人士，曾任清朝台湾知府的陈思燏①就出生在这里。

陈思燏，字益辉，号子中，生于1830年，卒于1871年。清同治时期任台湾知府，加道台衔。

陈思燏自幼聪慧，勤勉上进，饱读诗书，并通过科举考试入国子监学习。

安埔陈氏祖堂

①〔燏〕读 yù。

咸丰年间，他以廪贡生的身份被选调到广西昭平县任教谕，开始了为官生涯。不久他代理平乐县知事。在平乐县任职期间，他深察民情，体恤民意。深感平乐县作为少数民族地区，教育状况极为落后，百姓受教育程度很低，他致力于把振兴学校、培养人才作为紧要事务。他大力倡办义学、社学、书院等教育机构，为当地贫困家庭子弟创造上学机会，深受百姓的爱戴和敬仰。

陈思燏在治理地方初见成效时，适逢太平天国翼王石达开率领太平军进攻广西柳州、平乐县一带，这为陈思燏展示军事才能提供了机会。清朝将领骆秉章、蒋益沣率军进行阻击，陈思燏组织指挥地方武装配合作战，迫使石达开败走大渡河。陈思燏因率领地方部队参战有功，被保举为"同知补用"，赏蓝翎顶戴。随后不久，其母亲去世，他回乡"丁忧守制"，平乐县百姓一路攀住车辕挽留，称颂之声不绝于道。

在守制期间，因浙江巡抚左宗棠的赏识和推荐，并向朝廷申请"夺情"，陈思燏被委任为"襄办楚汀两军后路粮台兼营务处"。于是，他跟随左宗棠来到浙江，平定浙东各郡县太平军。他督带练勇，奔赴战场，协同江苏清军收复了浙江嘉兴府城。陈思燏因带兵有方、战事有功，受封四品花翎顶戴，以道台、中议大夫的身份留在温州府补用，不久任温州知府兼护温处道台。他一边开设书局，广兴书院，教化人民，醇厚风俗；一边率兵保靖海洋，巩固边防，维护稳定。

1868 年，陈思燏调任杭州知府。当时的杭州，经过战争的摧残，满目疮痍，百废待兴。他便发动百姓，疏通河道，淘渌枯井，掩埋枯骨 10 万余具，大力修复因战争摧毁的城市各种设施，逐渐恢复百姓的正常生活。由于城内书院、庙宇、街道遭到严重破坏，修复费用巨大，他带头捐出养廉银，疏浚西湖，修复杭州崇文、敷文两个书院及各个庙宇，使破败不堪的杭州重新焕发出生机。

1870 年初，当时的闽浙总督、内阁大臣英桂亲自给皇帝上奏，称台湾知府出缺，陈思燏智勇双全，文武兼备，又精通汉兵、练勇，历任府台、道台，措置游刃有余，并十分熟悉福建的情况，可调补台湾知府。英桂因考虑台湾地方紧要，事务急迫，未经朝廷降旨，便命他去调补知府。事后吏部下达命令，认为这个任命"未候谕旨，自与旧章不符"。同治皇帝了解事情的经过后，毅

清代台湾地图

然朱批："着即准其调补福建台湾府知府。嗣后不得援以为例。所有该督、抚应得处分，着加恩宽免。"

陈思燏在担任台湾知府期间，台湾烟瘴横生，水土恶劣，还常有生番①闹事，治理难度极大，人人视为畏途。他面对重重困难，没有丝毫畏惧，决心励精图治，积极组织筹划立乡约、编保甲、办团练，身体力行，巡查地方、缉拿盗匪、教化乡民，恪守保境安民之责，有力维护了台湾的社会稳定。政府同时推行"垦荒兴农"之策，积极劝课农桑，兴修农田水利，从而使台湾的农业生产得到了快速发展。陈思燏担任台湾知府虽然仅短短一年时间，但他为台湾的社会稳定和经济发展做出了重要贡献，在台湾的发展史上留下了光辉灿烂的一页。

1870年底，陈思燏被调回福建，"以道台补用"。回到福建的他依然勤政为民，夙夜奉公，鞠躬尽瘁，终因长年历经风霜，积劳成疾，于1871年2月病殁在官署内，匆匆走完了他短暂而富有传奇色彩的人生。朝廷为肯定陈思燏一生的功绩，追赠他为"资政大夫"。

陈思燏征战沙场，有勇有谋；治理地方，有为有位。他的家族文脉昌盛，一门显贵。他的太祖父陈仁备和哥哥陈思斌、陈思烶均被朝廷恩封为"中议大夫"。祖父陈立益、父亲陈名芬被恩封为"资政大夫"。他的儿子陈彦培、陈彦均分别是贡生、邑廪生。

落叶归根，魂归故里。陈思燏长眠于爱华村磨盘山，其墓志和墓体保存完好。为纪念这位引以为傲的先人，村里人尊称陈思燏为"三太公"。每年元宵节、清明节、中元节等祭祀节日，人们都会自发地前往陈思燏墓地祭拜，以表达对他的缅怀和敬仰。

---

①〔生番〕旧指文明发展程度较低的人。

禅宗泰斗虚云

陈光来

三步一拜到五台，一声杯碎顿悟开。
百年苦行度众生，一件衲衣承五脉。

一杖一笠云山外，亦禅亦农真如来。
闭目观心大菩萨，慧灯长明耀四海。

老和尚，虚云老和尚，
坐阅五帝四朝，一百二十载。
老和尚，虚云老和尚，
受尽九磨十难，云居莲花开。

虚云老和尚 113 岁法像

这首广为流传的歌曲《老和尚》，高度概括了虚云和尚心坚行苦、慈悲济世的传奇一生，歌颂了他的大慈悲和大智慧以及难行能行、难忍能忍的大无畏精神。

虚云和尚原籍湖南湘乡，俗姓萧，名古岩，字德清，法名演彻，号虚云。父亲萧玉堂在福建泉州做官。1840 年，虚云生于泉州，出生时母亲颜氏不幸去世，由庶母王氏抚养长大。他自幼即厌荤食，性喜恬淡，好读书习礼，聪慧过人。初见三宝法物①，就生欢喜之心，遂萌发弃世出俗之愿。19 岁时，潜至鼓山涌泉寺出家。从此，开始了他的百年苦行之路。

---

① 〔三宝法物〕佛教用语。与佛陀、佛法、僧团相关的物品。

　　虚云和尚的一生极为传奇。42岁时，为报答父母养育之恩，他发愿从普陀山起香，三步一拜朝圣五台山。一路上备受酷热饥寒之苦，几经磨难，屡次死里逃生。历时两年多，终于到达五台山，其中的艰难非常人所能承受。为求得佛陀真谛，他勤修苦行，研习经教，参究禅宗，访遍国内的名山大刹，并且由西藏远赴今印度、斯里兰卡、缅甸等地，朝礼佛迹……终于在一次禅堂修行期间，因茶杯落地的破碎声而大彻大悟。

　　虚云和尚多灾多难的一生，正值中国最为动荡不定的年代。他经历战乱饥荒、内忧外患、天灾人祸，可谓九磨十难。但这一切，从来没有动摇过他的意志和信念。虚云和尚慈悲为怀，经常救助众生。在抗日战争最为艰难的时候，他带头节衣缩食，捐献粮食以救济灾民，还举办法会为阵亡的抗日将士祈祷安魂，表现出一位出家人的拳拳爱国情怀。

　　在云南鸡足山，虚云和尚曾顶着枪口，冒着生命危险，感化了排斥佛教、拆寺逐僧的统兵官，并使之皈依三宝。他还凭着自己的威望，历尽艰险，化解了一场西藏分裂叛乱，使黎民百姓免受战乱之苦。

　　虚云和尚德高望重，一直受到僧俗两界的恭敬与景仰，与各时代的高层人士都有交集。他十分谦和，处处平等待人，到了晚年更是如此，极力倡导众

重建中的真如禅寺

千年银杏

生平等。曾经有一位年轻僧人顶礼参拜他，他也合着手趴在地上回礼，让年轻僧人感动一生。

虚云和尚一杖一笠，行遍天下。他历经十五座道场，中兴六大名刹，重建大小寺院庵堂八十余处。每到一处，他无不竭尽全力，虽数次险遭不测，却总奇迹般化险为夷。其背后的故事感天动地，不胜讲述。每当建好一处寺庙，虚云和尚便毅然离开，交由他人管理，继续去下一个最需要他的地方弘扬佛法。他从不贪图名利，即使在他发起成立中国佛教协会而被请求出任会长时，也以年事已高为由婉言谢绝，只接受任名誉会长。

然而，当得知曹洞宗的发祥地云居山真如禅寺破败不堪时，虚云和尚不顾年迈体弱毅然上山，发愿重兴真如禅寺。与此同时，他冥冥之中感到这座长年云雾缭绕的禅山，将是自己的最后归宿。虚云，云居，这似乎是一种天意。

虚云和尚上山后，天下近百衲子闻讯而至。他主持成立真如禅寺僧伽农场，将僧众分为农林与建筑两队。前者开垦农田茶园，衣食自足；后者修建庙宇，重塑佛像。他带领僧众弘扬百丈家风，坚持农禅并重。白天出坡干活，夜晚上

雪中真如禅寺

殿诵经；同时整顿寺规，严肃道风，夏讲经，冬参禅。老和尚处处严格要求自己。有一次，弟子们不忍心见 110 多岁高龄的老人与大家一起出坡劳作，就把他的劳动工具藏起来。他就依据"一日不做一日不食"的百丈家风，拒绝进食。大家只得作罢。

经过数年的努力，衰败的真如禅寺得以振兴。殿宇宏伟，佛像肃然，重现了千年祖师道场雄姿。常住们都住进了新寮房，而老和尚依然住在茅篷里，不肯搬迁。他节俭惜福，曾经见弟子吃红薯扔皮，就默默捡起塞在嘴里吞下。

虚云和尚十分注重培育僧才。在重兴真如禅寺那样极其艰难的条件下，创办了"佛学苑"，广招贤才。虚云弟子——著名的海灯法师就是这个时候受邀上山住持真如禅寺讲经说法的。老和尚也常常亲自授课，开堂传戒，日有开示，真可谓呕心沥血。他把生命最后的六年时光献给了云居山真如禅寺，献给了天下众生，真正做到了上求下化，度己度人。

1959 年秋，虚云和尚身体日渐衰弱，自感将辞别人世，便嘱咐弟子将自己身后的骨灰撒入江河，与水族结缘，并反复叮嘱他们，要"勤修戒定慧，息灭贪嗔痴"。圆寂前，他一语双关地告诫弟子们保护好自己一生拼死争来的那领衲衣。弟子问，如何能够永久保持？他只说了一个字，戒！农历九月十三日，虚云和尚在云居茅篷内安详圆寂。世寿120岁，僧腊101年。荼毗①之后，得五色舍利子数百粒。

虚云和尚是近代禅门泰斗，一身承继五宗②法脉，对佛教做出了巨大的贡献。他不仅重兴了大量寺院，恢复道场，更重要的是为后世禅宗复兴培养储备了大量的弘法高僧和护法居士。其门下嗣祖沙门较为著名的有十余人，其中释一诚、释传印两位大德高僧先后担任中国佛教协会会长。

虚云和尚的一生跌宕起伏，颇为传奇。他以振兴禅门为己任，慧灯长明，被人称之为民国四大高僧之首。他波澜壮阔的一生，正如他晚年写的一副楹联：历经四朝五帝，不觉沧桑几度；受尽九磨十难，了知世事无常。

虚云纪念堂

①〔荼毗（túpí）〕佛教用语。来自梵语，指僧人死后火化。
②〔五宗〕指佛教禅宗五个派别，分别为沩仰宗、曹洞宗、临济宗、云门宗、法眼宗。

航空先驱王弼

张红华

王 弼

翻开人民空军的历史画卷，一个个航空先驱者为了新中国航空事业，筚路蓝缕，奋力前行，用青春热血甚至生命矢志蓝天。他们的名字像夜空中闪烁的星星，永远为后人所仰望。王弼就是其中杰出的代表。

1899 年 8 月 3 日，王弼出生于三角流垱王村一户贫苦农民家庭。父亲是一个穷秀才，农忙下地干活，农闲在本村开馆教书。王弼自幼受父亲熏陶，聪敏好学。由于家境贫寒，一度辍学，后在家族长辈的帮助下，卖掉了家中两亩薄田，才勉强重新读书。

五四运动期间，王弼就读于江西省立南昌第一师范学校。他积极投身新文化运动，不顾反动当局封锁，走街串巷贴标语、发传单，向群众宣传爱国思想，参加反帝反封建示威游行。在王环心、张朝燮的支持和帮助下，他负责永修县含英学校的教学工作，并于 1925 年 5 月加入了中国共产党。同年 10 月，受组织派遣，他与张闻天、王稼祥、向警予、王经燕等人赴苏联莫斯科中山大学学习。1927 年 9 月开始，先后在列宁格勒空军地勤学校、莫斯科茹科夫斯基空军学院学习航空技术。

"七七事变"爆发后，祖国美丽的河山遭到侵略者入侵。当听到日军飞机对中国大地狂轰滥炸的消息时，王弼义愤填膺，寝食难安。虽即将毕业，并已完成毕业论文，但他报国心切，顾不上参加学院的毕业典礼，就向中共中央驻共产国际代表团提出回国参战的请求，想把自己掌握的航空技术尽快用于抗击日军侵略。1938年8月，中共中央驻共产国际代表任弼时为他办理好回国手续。根据党的指示，王弼留在新疆工作。期间，他先后编译了《飞行原理》《空中领航学》《空中射击学》和《航空发动机原理》等著作。这些书成为东北老航校以及人民空军初创时期各个航空学校的主要教材。

1940年11月，王弼从迪化辗转到延安，他与常乾坤共同撰写了一份《建设中国红色空军的计划》，并以书信形式呈送给党中央。毛泽东、朱德对此高度重视，亲自接见了他们，并做了明确指示。次年1月，党中央正式批准成立军委航空学校，对外称"第十八集团军工程学校"，王弼、常乾坤具体负责建校的筹备工作。

日本投降后不久，中央决定在东北创办一所航空学校。当时东北各机场都遭到了严重破坏，到处是断壁残垣，飞机残缺不全，没有一架是现成能开的飞机。王弼和航校的同志们冒着数九寒天，踏着冰碴，昼夜奔波，走遍了丹东、齐齐哈尔、佳木斯、北安

收集残破航空器材

等30多个城市的50多个机场，东找一个机壳，西找一个轮胎，收集散落各处残破的飞机及部件器材。有的同志积劳成疾，不幸病倒；有的误入了日寇储存细菌武器的仓库，感染中毒；还有的遭到土匪特务的毒手，献出了宝贵的生命。在运输航空器材的路上，有些地方大车过不去，同志们就采取"蚂蚁啃骨头"的办法，几十个人抬着飞机和器材走，最终把收集到的飞机和器材运到了目的地。

航校的房屋简陋，条件艰苦。一到冬天，寒风刺骨，师生们戴着棉帽睡觉。在"一切为了前线"的号召下，后方的物资供应十分困难，飞行人员的棉衣有的是用面粉袋子缝的。吃的更是缺乏，不仅吃不到肉，连蔬菜也很少见，没有大米白面，只有玉米面窝头和玉米渣子加咸菜。有时用苞米面掺土豆面做成焦

黄的饼子，便是改善生活。十天半月赶集买回点猪肉，只能切成丝像调料一样在菜面上放上一点点。为了改善伙食，学员们组织起来，开荒种地、挖野菜、打猎、捕鱼、养猪、磨豆腐……

东北老航校纪念馆

1946 年 3 月 1 日，人民空军的摇篮——东北民主联军航空学校在这样的艰苦条件下建设起来了。正当航校在通化准备进行飞行训练的时候，蒋介石为了独占东北，在美国的援助下，疯狂地向东北大举进攻，并多次派飞机轮番轰炸航空学校的飞机场，企图将航空学校扼杀在摇篮之中。本来只有十几架能飞的飞机，这一下就被炸坏了六七架。但这并没有吓倒年轻的航校人，他们边疏散，边防范，坚持进行飞行训练。同年 4 月，同志们克服了种种困难，奉命把刚诞生不久的航校安全地转移到了牡丹江畔的海浪机场。这个机场也被破坏得不成样子。王弼带领教员、飞行学员、机务人员一起夜以继日地修机库，用黏土和细沙铺平跑道上的弹坑，又运来木材砖瓦，修建教室、宿舍及器材库；同时建了修理厂，很快修好了十几架飞机。虽然这些飞机油漆脱落，伤痕累累，但同志们对它们的感情十分深厚，一遍一遍地擦拭修好的飞机，并无比自豪地说："我们终于有自己的飞机了！"

1949 年 10 月 1 日开国大典时，由东北航校培养出来的飞行员，驾驶 17 架飞机以整齐的队形通过了天安门上空，接受毛主席和其他中央首长的检阅。随后，人民空军成立，王弼任副政治委员兼工程部部长。接着，他主持了在原东北航校基础上新建空军七所航校的工作。1951 年，王弼任空军副司令员。

中国人民志愿空军

朝鲜战争爆发后，联合国军总司令麦克阿瑟狂妄地宣称："中国根本没有空军。"然而，就是这支被美国人讥讽为"菜鸟"的新中国空军，却以少胜多、以弱胜强，敢与号称世界一流的美国空军较量，并使其遭受到沉重的打击。

年轻的中国空军航空兵在朝鲜战争中边建边打，边打边练，不断锻炼成长，先后有 10 个歼击机师的 21 个团、2 个轰炸机师的 3 个大队入朝参战，共战斗起飞 2457 批 26491 架次，取得了击落敌机 330 架、击伤 95 架的骄人战

晚年王弼

绩。东北航校第一批飞行员、战斗英雄刘玉堤创造了击落、击伤 8 架敌机的战绩，给世界上最强大的美国空军以极大的心理震慑。美国远东空军司令威兰中将不得不承认："这是一个悲惨的失败，是对远东空军的一个沉重打击。"时任美国空军参谋长的范登堡将军在飞往远东视察后回到华盛顿时，曾做了一个悲观的报告。他对报界谈话时惊叹："共产党中国几乎在一夜之间就变成了世界上主要的空军强国之一。"

王弼戎马生涯五十余载，他以对党和国家的无限忠诚与热爱、对人民空军的忘我奉献，将我军的航空火种点燃，并以燎原之势发展壮大，无愧于新中国航空事业的先驱。

永修历史沿革图表

更多内容，请扫描二维码

开始时间	前 2070 年		前 1600 年	前 1046 年	前 770 年		
朝代	夏		商	西周	东周（春秋战国）		
行政区划	前 21 世纪已开发		属艾		与修水、铜鼓、武宁、奉新、靖安、安义等地合称艾		

开始时间	前 221 年	前 206 年		8 年	25 年		
朝代	秦	西汉		新	东汉		
行政区划	属九江郡艾邑	豫章郡海昏县		宜生县	豫章郡海昏县（含海昏侯国）		
		前 201 年由艾邑分出海昏县	刘贺被贬为海昏侯，建侯城于海昏城 20 里外	8—25 年	104 年从海昏中分出古建昌县	185 年分设古永修县	建安年间，分海昏县地立西安县

开始时间	220 年	265 年	420 年		581 年	
朝代	三国	晋	南北朝		隋	
行政区划	海昏县，属吴国	豫章郡海昏县（包括古海昏县、古建昌县等）	宋、齐、梁：豫章郡建昌县（425 年始，县治在今艾城街）	陈：559 年设豫宁郡，含建昌、豫宁、新吴等五县	589 年，设洪州总管府，辖建昌县	606 年，豫章郡建昌县

开始时间	618 年				
朝代	唐				
行政区划	622 年设南昌总管府辖南昌州，南昌州分设建昌、龙安、古永修三县	624 年撤南昌总管府，设南昌州辖建昌等县	625 年废南昌州设洪州，把南昌县、新吴县、古永修县、龙安县再次并入建昌县	682 年分拆建昌县，重设新吴县	704 年从建昌县分出武宁县

开始时间	907 年		960 年	1279 年	
朝代	五代十国		宋	元	
行政区划	902 年建昌县属于杨吴政权	937 年属南唐。南唐升元年间，划出建昌部分地方新设靖安县。洪州建昌县	建昌县，982 年属南康军	建昌县，属南康路	1295 年升为建昌州，属南康路

开始时间	1368 年	1644 年	1912 年	
朝代	明	清	中华民国	
行政区划	建昌县，属南康府。1518 年划出安义、南昌、控鹤等五乡设安义县	建昌县，属南康府	1912 年废府州，建昌县直属于省	1914 年改建昌县为永修县

开始时间	1949 年	
朝代	中华人民共和国	
行政区划	1949 年 10 月，永修县隶属于九江专区。1954 年将新建县吴城镇划回永修。1969 年马口罗亭等地划出	1983 年，设九江市。辖永修

（郝卿 编）

　　岁月峥嵘，山川见证。张朝燮、王环心、王经燕等先烈的碧血丹心凝结着他们对这片土地的热爱，点燃了星星之火；淦家祠堂、李家祠堂和赵家祠堂历经沧桑，承载着永修革命斗争的历史；涂埠铁桥栉风沐雨，魂牵梦绕在老一辈永修人的心间；萧克将军的云山岁月，无不让我们为之动容。铭记和传承是最好的怀念。

碧血丹心伉俪情

王代芹

这世界，因为我有了你。

我们在一起两小无猜，以心相许。

伟大的理想，共同的志向。

我们生死与共，我就是你。

你不是你，我不是我。

把你我的一切奉献给人民，

生命才有意义。

…………

这首《我和你》是革命烈士、中共江西省委早期重要领导人王经燕和丈夫张朝燮[①]生前共同创作的。他们不仅用笔写下了自己坚贞的爱情和崇高的信仰，更用热血谱写了一曲生命之歌。

王经燕、张朝燮，分别是九合淳湖和艾城街人。两家为世交，都是当地的豪门望族。他们青梅竹马，自幼订下婚约，1919年完婚，育有两男一女。他们夫妇本可以过着锦衣玉食的生活，可是，为了共同的信仰，他们走上了一条为劳苦大众谋幸福的革命道路。

[①] 〔张朝燮（xiè）〕（1902—1927）字淡林、淡宁。曾任中共江西支部组织委员。国共合作时期任国民党江西省党部工人部长，与方志敏同为江西工农运动的主要负责人。

王经燕、张朝燮烈士宣传栏

1925 年 9 月，中共党组织拟选送王经燕与张闻天、王稼祥、向警予、王弼等人赴莫斯科中山大学学习。得到消息，王经燕看着三个年幼的孩子，犹豫不决。她实在舍不得离开孩子们。这时，张朝燮微笑着走过来，看着爱妻低声说："燕姐，不就是去莫斯科学习，至于这样失魂落魄吗？"王经燕一怔："你，你都知道了？""组织上已经通知我了，你就放心去吧，家里有我呢！"丈夫的鼓励和支持，让她毅然服从了组织的决定。

10 月 24 日，涂家埠火车站站台上，秋风习习，落叶飘零。王经燕抱着小儿子。张朝燮一手牵着大儿子，一手抱着女儿。他们眼里噙着泪花，依依不舍。

临别时，张朝燮从怀里掏出一个嵌有他们夫妻照片的同心结和一封信，悄然塞到王经燕的手中。

一声汽笛，火车开动了。王经燕从车窗探出头来，手里攥着同心结，不断地向着站台上的丈夫和孩子们挥手致意。车渐行渐远……

王经燕含着泪水看着窗外的苍茫大地，掏出那封信，拆开信封，里面是丈夫填的一首词《念奴娇·送别》。读着读着，她热血沸腾……谁也没想到，王经燕和张朝燮这次离别，竟成了永诀。

初到苏联，王经燕因水土不服而病倒。病中，她更加思念亲人，提笔给丈夫写信，倾吐对亲人和故土的眷恋之情："淡林吾弟，我最大的苦痛，莫过于怕你遭了不幸。虽然人人都知道牺牲是我们革命者所不能免的，我们革命成

王经燕（四排戴墨镜者）留苏时与师生合影

功也就是由牺牲得来的，没有流血，就没有成功之日。"

接信后，张朝燮当即给身处异国的爱妻回了信："……我非常高兴，因为你进步了，你晓得无谓的牵挂是毫无价值的，是会妨害你工作的，但是这并不是叫你与感情绝缘，因为人是有感情的动物。"

1927年4月15日凌晨，在艾城城隍庙里，王环心[①]、张朝燮等人正在研究永修县地方执行委员会的工作。突然，外面一阵枪响，打破了黎明前的寂静。一个负责警戒的自卫队员慌慌张张跑进来报告："土匪把城隍庙包围了！"一时间，枪声大作，子弹"啪啪"打在大门上。张朝燮对王环心说："土匪人多枪多，硬打不行，我从后面翻出去搬救兵。"王环心果断地点点头："好，注意安全！"

密集的枪声中，庙顶上的瓦片被掀开一个口子，张朝燮从缺口钻出来，爬上屋顶，敏捷地一个翻滚，从庙顶的西北角上跳下去。这时，敌人发现了张朝燮的身影，顿时乱枪齐发，张朝燮不幸中弹牺牲，他的生命永远定格在25岁。

---

①〔王环心〕（1901—1927）中共江西地委委员、九江地委委员。大革命时，曾任永修县县长、中共永修县首任县委书记。

王经燕雕像

　　9 月，张朝燮牺牲的噩耗传到莫斯科，王经燕悲痛欲绝。她谢绝了组织留她在共产国际工作的安排，毅然请求回国参加战斗。

　　回国后，王经燕根据中共江西省委的指示，回到永修协助堂兄、中共永修县委书记王环心，开展农民武装暴动的准备工作。

　　11 月的一天，因叛徒告密，王环心和妻子淦克群在九合的家中不幸被捕。当敌人把王环心押过涂家埠三里长街时，他一路骂声不绝，高呼"打倒国民党反动派！""打倒独夫民贼蒋介石！"群众无不黯然泪下。

　　不久，王环心被国民党反动派枪杀在南昌德胜门外下沙窝。四年后，淦克群因参与狱中暴动，被反动派用电触死。尸首被装进麻袋，抛入赣江。

面对接二连三的沉重打击，王经燕慨然发出了"欲志伤心惟努力"的铿锵誓言。12月中旬，中共永修县委扩大会议在城山李家祠堂召开，王经燕临危受命，接任县委书记。她立即着手恢复全县各级党组织，党员人数发展到450余人。1928年1月，在她组织领导下，淦克鹤、曾文甫指挥县农民自卫队发动了著名的甘棠暴动，创建了云山革命根据地。2月，王经燕调任中共江西省委组织部秘书、代理部长、部长。她化名贺落霞，以家庭教师身份为掩护，秘密从事救济安置死难烈士家属、营救被捕战友等工作。5月，省委机关遭受破坏，王经燕不幸被捕。

敌人在弄清她的身份后，企图从她身上打开缺口，获取中共江西省委组织名单。任凭敌人威逼利诱、严刑拷打，王经燕始终坚贞不屈，视死如归。

南昌一间单人牢房内，王经燕戴着手铐倚墙坐着。"哐当"一声，牢房的门打开了，身穿长衫的王经菑①一瘸一拐地走了进来。王经燕冷冷地看了他一眼，把头扭向一边问道："你来做什么？"王经菑满脸堆笑地说："妹妹，我来接你回家。"他将一张"自新书"递到她的面前："妹妹，只要你在上面签个字，我就可以带你回家了。"王经燕鄙视地扫了一眼，说："我忠诚于我的信仰，没有什么可悔的。"王经菑不死心地说："你再想想，为了三个年幼的孩子，再想想……""呸！"王经燕一口唾沫吐在王经菑的脸上。自讨没趣的王经菑就灰溜溜地走了。

用尽了手段，敌人依然一无所获，于是决定对她狠下毒手。1928年6月的一个漆黑夜晚，王经燕被反绑着双臂，在反动军警的押解下，走向刑场。一路上，尽管脸庞因饱受折磨而显得异常憔悴，但她仍然高昂着不屈的头颅，用流利的俄语高唱着《国际歌》。王经燕被敌人残忍杀害，年仅26岁。

茫茫大地，风雨如晦；革命先烈，前仆后继。张朝燮与王经燕、王环心与淦克群两对伉俪用年轻的生命诠释了对革命事业的赤胆忠心。

---

① 〔王经菑（zī）〕王经燕的二哥，字琴心，曾任江西省高等法院法官。

红色三祠堂

戴圣印　谢　斌

祠堂是族人祭祀祖先或先贤的场所，也是商议家族内部重要事务的聚会地。九合的淦家祠堂、城丰的李家祠堂和滩溪的赵家祠堂，不仅是凝聚着这些家族精神的祠堂，也是早期中国共产党在永修开展革命活动的重要场所。普通家祠铸忠魂，革命史上树丰碑。红色三祠堂见证了中国共产党领导下的永修县革命历史。

淦 家 祠 堂

淦家祠堂坐落在九合乡红光村。这座普通的家祠，与永修县的民主革命结下一段不朽的渊源，成为一个熠熠生辉的红色革命基地。

淦家祠堂旧址

1927 年，国民党反动派在上海发动了"四一二"反革命政变，对共产党人和革命群众进行无情屠杀。永修的共产党人也遭受残害，党组织遭到重大破坏。全县上下，血雨腥风，笼罩在一片白色恐怖之中。

残酷的迫害、血腥的杀戮并没有让共产党人屈服，他们掩埋好牺牲的烈士，擦干身上的血迹，继续英勇无畏地投入战斗中去。

一个阴霾的夜晚，田野上，闪烁的萤火虫在自由地飞舞。淦家祠堂里，清油灯发出微弱的光芒，映射出几个单薄而坚毅的身影。几名身着长衫的青年正在轻声细语，秘密商讨着重大事情。原来，这是以王环心为首的中共永修县委，正在召开紧急会议。会上传达了中国共产党第五次全国代表大会和"八七会议"的精神，认真总结了革命斗争过程中的经验和教训，及时做出了将党的工作重点从城市转向农村、发动年关暴动的决定。会议精神传达后，极大地激发了共产党人的旺盛斗志，他们迅速开展了筹粮筹款、帮助训练农民自卫队等工作，革命力量不断壮大。随后，县委书记王环心以淦家祠堂为中心，在赣北特委领导下，积极开展艰苦卓绝的斗争。

李家祠堂

城山李家祠堂坐落在马口镇和丰村。

县城的党组织遭到反动派破坏后，中共永修县委随即转移到农村，革命由此转入低谷。这时，远在苏联留学的王经燕，惊闻丈夫张朝燮牺牲的噩耗，毅

李家祠堂旧址

然谢绝了组织上让她继续留苏工作的安排，回到故乡。不久，因县委书记王环心被捕，她临危受命，接任县委书记，继续开展革命活动。

1927 年 12 月中旬，王经燕同李德耀、淦克鹤、夏建中、曾文甫、刘盛福、沈云霞等共产党人在李家祠堂召开了县委扩大会议，重新组建中共永修县委。城山会议强调了党独立领导武装斗争的重要性，及时做出了组织成立游击大队、积极开展武装斗争等决定。

城山会议后，全县党组织得到较快的恢复和发展，党员人数从革命低潮时的 200 余人增加到了 450 多人。永修成为赣北的一块革命根据地，省委机关也一度准备在"必要时可以暂退至永修有我们组织的地方"。

赵家祠堂

赵家祠堂为滩溪镇甘棠村赵氏家祠，前身是著名的甘棠书院。在这里第一次升起了永修县工农武装斗争的旗帜，建立了第一支工农武装——永修县游

重建的赵家祠堂

击大队。

祠堂北倚云居山，俯瞰潦河冲积平原，是"进可攻，退可守"的战略要地。1928 年 1 月，根据城山会议关于"开展武装斗争"的决定，在赵家祠堂组织发动了甘棠暴动，将大革命失败后保存下来的农民自卫队整编为"永修县游击大队"，由淦克鹤任总指挥，曾文甫任大队长，拥有队员 200 多人、枪支 150 余条。正式成立的永修工农武装，揭开了党领导下的永修人民武装斗争的序幕，开辟和建立了以云居山为中心的革命根据地。

在党的领导下，游击大队采取诱敌深入的灵活战术，镇压了滩溪恶霸蔡鹏九、柘林土豪吴廷栋，捣毁了滩溪区公署，奇袭了靖安县仁首街并烧毁其区公所和食盐公卖处；还在安义县马源村设伏，有效地阻击了国民党熊式辉运送军火的车队，粉碎了敌人一次又一次"围剿"，取得了一个又一个胜利，永修的革命形势日益高涨。

随着革命形势的发展，中共永修县委根据省委的指示，1928 年 7 月在赵家祠堂再次召开会议，将永修县游击大队整编为"江西红军游击第八纵队"，成员发展到 300 余人。纵队取得了黄韶岭战斗的胜利，捣毁了杨家岭转兵站，有力地打击了敌人的嚣张气焰，极大地鼓舞了共产党人和革命群众的斗志。

修河保卫战

陈乃庄

武汉沦陷后，日军决定实施"南昌作战"①，企图强渡修河，占领南昌，切断浙赣铁路至大后方的交通线，缩短对中国南方进行战略轰炸的航程，迫使中国政府迅速投降。战略计划形成后，侵华日军头目、第十一军军长冈村宁次下令一〇一师团骑兵联队，从德安出发，沿小路先后占领修河北岸的虬津、系马②、越山③、艾城、三溪桥，形成与中国军队在修河南北两岸对峙的局面。

取得了德安万家岭大捷后，薛岳④将军计划以修河作为南昌会战的前哨阵地，阻击、牵制日军，将日军引到潦河西岸，用埋伏在安义、奉新一带的重兵将日军围歼。

1938年10月30日，蒋介石在南昌批准了薛岳将军"固守修河，确保南昌"的计划，用5个军不少于10万人的兵力驻守修河南岸，利用山地丘陵形成战略纵深，阻击日军进犯南昌。前期战事的进展呈现相持状态。

灭绝人性的日本侵略者占领修河北岸后，疯狂实施"烧杀以助军威，奸淫以助军乐，抢劫以助军需"的法西斯行径，大肆烧杀掠抢，祸害百姓；还多次抽调在湖北阳新休整的日军和驻守德安的日军，对涂家埠、张公渡等地的修

---

① 〔南昌作战〕日军代号为"仁号作战"，预定于1939年3月上旬开始实施，一举攻占南昌，割断和打败浙赣铁路沿线的中国军队。

② 〔系马〕今八角岭系马村。

③ 〔越山〕今燕坊越山村。

④ 〔薛岳〕时任国民革命军第九战区代司令长官。

河南岸阵地进行偷袭。在中国军队奋勇抵抗下，日军多次被打得仓皇败退。

布防在修河南岸中段的中国守备军四十九军一〇五师原属东北军，"九一八事变"后家乡沦于敌手，如今仇人相见无不义愤填膺。他们进驻修河南岸阵地后，立即组织小股游击队渡河杀敌。最为鼓舞士气的是1939年1月7日，日军新任一〇一师团长斋藤弥平太中将，为给他们的军队壮威，决定在虬津大屋董阅兵，被中国军队一〇五师侦察兵发现。中国军队集中炮火猛轰日军阅兵场地，打得日军鬼哭狼嚎。

日军轰炸机

毒气弹

与此同时，全县爱国百姓也奋起抵抗。九合青墅抗日义士蔡家明，不仅多次深入敌营打探消息，智取日军枪支弹药，还带领着自己的门徒50余人，夜袭艾城、江益的日军驻地，使日军胆战心惊。

日军屡屡受挫，便加强了军力部署。1939年2月中旬，日军的两个师团和配属炮兵开始向德安以南地区集结，准备在航空兵的支援下，分割突击，强渡修河。由于连续下了一个多月的雨，河水泛滥，道路泥泞，行进困难，拖延了日军的战略进攻。

戴防毒面具的日军

被炸毁的望湖亭

针对日军的战略计划，中国军队第九战区于2月下旬适时调整了战略部署，决定"先发制敌，转取攻势，以摧破敌之企图"。罗卓英①根据薛岳的调遣，打算在3月24日对日军实施全线反击，渡过修河先发制敌，故冒着倾盆大雨频繁调动兵力，意图寻找日军薄弱环节作为突破口。然而，狡猾的日军却早于中国军队一个星期发起了总攻，抢得了先机。

3月17日下午，日军集结一二一师团和石原支队、村井支队，在海军支持下，分乘100余艘浅水炮舰、登陆艇向吴城大举进攻；同时还出动几十架飞机对吴

---

①〔罗卓英〕时任国民革命军十九集团军司令及南昌会战总指挥。

城镇狂轰滥炸，并不断投放燃烧弹和生化武器。吴城镇一片火光，大火燃烧了整整三天三夜，千年古镇惨遭毁灭。

负责防守吴城的三十二军一四一师唐永良部和七十九军预五师曾戛初部奋起反击，拉开了吴城阻击战的序幕。中国军队凭着湖滩上的简陋掩体和手中的轻武器，与装备精良的日军浴血苦战了八天八夜。英勇的将士们，用机枪击落了日军一架轰炸机，击沉了三艘浅水炮舰。每一片湖滩都成了侵略者的坟墓。

夏铁汉，唐永良部的一个班长，在与日军拼刺刀时重伤昏迷，一阵枪声把他惊醒。他努力睁开眼睛，见一日军大佐疯狂地射杀正在撤退的中国军队战士。夏铁汉拼尽最后的力量开了一枪，把这个沾满无数中国人鲜血的杀人狂魔①击毙了。

3月20日下午3时，冈村宁次亲自登上军山指挥战斗，命令200余门重炮向七十九军七十六师的观音阁阵地急袭。三个小时的猛烈轰炸摧毁了中国军队前沿阵地。日军于当晚8时渡过修河，至次日黎明，突破防线两公里。

21日，日军升起侦察气球，指挥200余门重炮向中国军队一〇五师防区馒头山、五谷岭、太子洞阵地轰击。炮击中，丧心病狂的日军不顾国际公法，悍然使用了15000个毒气筒、3000个毒气弹、5000个小发烟筒，并动用了"红一号"等国际上明令禁止的神经性毒气，发动了当时最大规模的生化武器战。前沿阵地上中国军队三个营的将士全部壮烈牺牲。

中国军队守军团长于泽霖，在五谷岭与侵入的日军坦克相遇，指挥数十名战士用炸药包和手榴弹与日军同归于尽，表现了抗日将士视死如归的大无畏精神。

同日，日军又在40架飞机的掩护下，向观音阁二、三道防线猛攻，七十六师师长王凌云亲自带领敢死队挥舞大刀与敌奋战，挫败了日军攻势。但王凌云因吸入毒气昏迷不醒，数十辆日军坦克和近千名日军骑兵此时也趁机渡河，最终导致中国军队全线溃退。与此同时，日军师团倾全力向驻守涂家埠的

① 〔杀人狂魔〕该人本名饭野贤十。丧命后，被日本军部追认为少将，被称之为最耻辱的将军。日军记者介绍夏铁汉名为"强三娃"。

三十二军一四二师傅立平部猛攻，双方激战三个昼夜，敌军向阵地发射1000余枚毒瓦斯弹，造成中国军队重大伤亡。

3月25日，随着修河南岸观音阁、馒头山、五谷岭等阵地相继失守，滩溪阻敌失败，罗卓英将军命令仍在吴城、涂家埠与日寇浴血苦战的三十二军火速撤退，驰援南昌，永修正面战场战事结束了。此后，永修军民采用游击战、伏击战等方式继续抗击日军，直到抗日战争的最后胜利。

这场发生在修河两岸，中日两军投入十多万兵力，持续近5个月的战役，史称修河保卫战。

修河两岸

永远的涂埠铁桥

戴　文

涂埠铁桥始建于1914 年，历经两年建成。初为木架结构，1923 年改为钢结构。桥体为人车两用，东侧人行道宽约 1.5 米，由水泥板块铺设而成；西侧是两道行车铁轨，两边是铁护栏。桥身长 386.3 米，宽

老涂埠铁桥

8 米，共有 7 座钢筋混凝土桥墩，桥体中间有 4 座 20 米高、50 米跨度的铁架，是南浔线上最早的一座大铁桥。

历史的镜头定格在那风雨如晦的峥嵘岁月。在永修这片红色土地上，革命运动风起云涌，铁骨铮铮的涂埠铁桥镌刻着一幅幅惊心动魄的历史画卷。

1926 年 9 月，国民革命军出师北伐。在攻打南昌失利后，涂家埠就成为双方的必争之地。正如当时担任军事顾问的苏联加伦将军所言："占领涂家埠将从敌人手中夺走其中心据点，之后占领九江将毫无困难。"

11 月，军阀孙传芳的部队占据涂埠铁桥负隅顽抗，北伐军胡文斗团长率部冲过铁桥，抢占制高点。经过几天的激烈鏖战，北洋军阀部队被击败，涂埠

铁桥与大获全胜的北伐军一起被光荣地载入史册。

1927 年 7 月 26 日，叶挺、贺龙部队从九江前往南昌参加"八一起义"。由于军阀朱培德军队事先破坏了涂埠铁桥，起义部队被阻于涂家埠。紧急关头，涂家埠公安局局长赵相禄立即组织 400 多名铁路工人和锯板厂工人连夜抢修。大家听说"铁军"要过河，个个摩拳擦掌，人人奋勇争先。他们克服种种困难，到第二天早上 7 点左右修通桥面。当战士们和驮着大炮的马队通过大桥时，工人们完全忘记了饥饿和疲劳，聚集在桥的两边，热情欢呼，奏响了一曲气壮山河的凯歌，为中国共产党领导人民军队向反动派打响第一枪的历史，书写了光辉的一页。

1938 年，日本侵略军攻占马垱[①]。为阻止日军南下，中国军队于 6 月 13 日下令将南浔线停运拆轨，并炸毁全线的铁桥。涂埠铁桥桥墩也被炸塌，钢架沉入河底。修河保卫战失败后，涂家埠沦陷。日军为了打通南北要塞，抓夫抢修，百姓消极怠工，大桥一时没有修复。铁桥的破坏有力地阻滞了日军侵略进攻的步伐。

1949 年 5 月 23 日，永修全境解放。涂家埠各界人士和民众，鸣炮欢迎中国人民解放军四十三军某部进驻永修。然而，气数已尽的国民党军队在往南昌方向溃逃之前，将涂埠铁桥桥南第三孔的 62.5 米穿式桁梁[②]炸毁，南端大梁沉入河底，北端钢梁横于桥墩，大桥支离破碎。尽管如此，丝毫阻挡不了人民解放军前进的步伐，千余名群众自发配合解放军抢修路基和铁桥，奋战一周，加固路基，修复铁桥，南浔线全线通车。涂埠铁桥保障了解放军继续南下，为人民共和国的诞生立下了不可磨灭的功勋。

起初，南浔线上每天只对开两列货车，20 世纪 60 年代对开 4 列普通客车。改革开放后，客车、货车南来北往，奔忙不息，钢铁、煤炭、木竹、粮食、棉花等大宗货物穿过涂埠铁桥运往大江南北。

进入 90 年代，铁道部门在南浔线的基础上，修建了京九铁路。修河上建

---

① 〔马垱（dàng）〕位于彭泽县马垱镇境内的长江南岸。

② 〔桁（héng）梁〕房屋、桥梁等的架空的骨架式承重结构。

新涂埠铁桥

造了新的铁路大桥。涂埠铁桥像一位从岁月风雨中走过的沧桑老人，于1999年被拆除了，完成了历史使命。

涂埠铁桥，历经风雨，从战火中走来，在如火如荼的建设中，悄然隐退。涂埠铁桥，它承载着几代永修人的记忆和乡愁，永远定格在历史的照片中，沉淀在人们的心里。

永修解放始末

陈汉铭

1949年初，中国人民解放军取得三大战役胜利后，迅速挥师南下，解放了长江中下游以北的广大地区。百万雄师虎踞长江北岸，随时准备渡江南下。驻守永修的国民党军队风声鹤唳，惊恐万状，全无斗志；官员们也成了惊弓之鸟，惶惶不可终日。他们早已收拾好了黄金细软，随时准备逃跑。

为防止国民党反动派在逃跑前进行大破坏，当时在修河两岸活动的中共赣北独立第五大队和民主党派地下组织积极发动群众开展护厂、护路活动，保护机关、学校等不遭受破坏，以迎接解放军的到来。

永修县军事管制委员会
第1号布告

早在日本无条件投降之际，中共鄂豫边区党委就指派原黄（冈）浠（水）边县委书记夏瑞金到赣北建立联络点。夏瑞金奉命潜入永修，以染布为掩护，在梅棠、白槎一带开展工作。1948年春，中共黄冈第四地委根据形势的变化，认为永修当前的工作重点是"武装自己、瓦解敌人、迎接解放军渡江"，指示夏瑞金等人将工作重点放到争取进步人士和瓦解敌人武装上来。夏瑞金发现国民党柘林乡原乡长邱天纵①对国民党政府不满、思想比较进步，于是抓紧做他的工作。邱天纵思想转变后，协助夏瑞金，利用全国解放指日可待、自卫队军

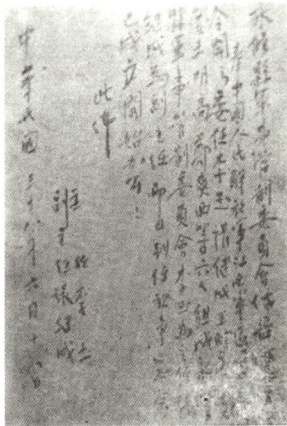

---

① 〔邱天纵〕又名邱才豪。

心涣散极易动摇的时机，分别在白槎、枹桐、虬津等区公所的自卫队中进行策反，并收集到部分武器，等待有利时机，组织力量进行武装暴动。

1949年2月5日傍晚，夏瑞金、邱天纵以请年酒为名，抓获了国民党柘林乡乡长王金忠；然后利用事先布置好的内线，先后解除国民党柘林乡公所和县自卫队驻枹桐一个分队的武装，并缴获枪支60余支。暴动成功后，夏瑞金、邱天纵率队进入云山，成立了一支30余人的"赣北独立第五大队"。柘林暴动的成功，给永修及附近地区国民党地方武装以极大的震慑。3、4月间，先后又有两个自卫分队投诚起义。

解放军进城

4月，为迎接人民解放军渡江南下，夏瑞金组织了一批积极分子，成立九合乡、三角乡、仙井乡①等办事处，主要从事情报搜集、维护交通等工作。与此同时，以王秋心为首的永修民盟立足永修中学（永修第一中学前身），利用各种有利条件，以民主运动的名义在学校师生中进行革命宣传和教育，要求师生们留在学校，保护好学校财物，等待解放。同时，在承德小学、含英小学、云秀女校和各民众团体中积极发展新盟员，深入开展群众工作。5月初，王秋心得知人民解放军即将进入永修的消息，立即召集民盟小组开会，书写标语，赶制红旗，动员群众迎接解放军。农工民主党在发展组织的同时，积极策反国民党军政人员，使不少人带枪投奔人民解放军。他们还印制了《为庆祝永修解放，敬告本县各界人士》传单在全县发放，宣传共产党的方针政策，揭露国民党污蔑共产党"共产共妻"的真相，为安定人心、稳定局势发挥了积极作用。

5月，解放军到达德安县。夏瑞金立即派人与解放军取得联系，迎接解放

---

① 〔仙井乡〕今立新乡南岸村一带。

军进入永修。当时，永修驻有国民党一个营的军队和百余人的县自卫队，敌人打探到解放军已经逼近永修，企图破坏永修县城①。在当地各界人士的保护下，敌人的阴谋没有得逞，只是将涂埠铁桥炸毁后仓皇逃往南昌。

22日，中国人民解放军第四野战军四十三军一〇五师四六八团某部近20人，一枪未发，从北门顺利进驻县城。进入艾城时，恰逢大雨，全体官兵无一人擅自进入群众家中，全部站在屋檐下避雨。看到解放军纪律严明，百姓深受感动。当即就有部分群众主动上街喊道："解放军来啦，大家不要怕！快开门，迎接解放军！"一时间，群众纷纷开门迎请官兵，忙着为他们烧水递茶。

23日，民盟永修小组、农工民主党永修工作委员会派出代表，前往淳湖迎接解放军。他们积极为部队安排宿营，组织群众慰问部队。解放军进入涂家埠时，街上鞭炮齐鸣，成百上千群众挥舞着红旗，欢迎解放军。同日，中国人民解放军四十三军军部进驻白槎。

至此，永修全境解放。5月23日为永修解放日。

永修革命烈士纪念塔

---

① 〔永修县城〕今艾城镇。

我的云山岁月①

萧 克

1969 年 11 月下旬，组织上通知我，准备去江西"五七干校"接受再教育。所谓再教育，对我个人来说就是继续接受批评和审查。

大约是 12 月上旬，我们来到修水河畔的云山垦殖总场场部周田镇。这里离校部所在地新丰大队约 14 里。出发前，周恩来总理指示要给我带个炊事员。我由衷地感激总理的关怀，但谢绝带炊事员。我想，既然是重返江西，那就一切从头做起。尽管我已年过花甲，但我还是那个气概，不服气，不消极，更不悲观。

到干校后，我坚持自己买菜、烧饭、砍柴；衣服破了，能补的自己缝补。有时柴米不继或不想动手，就到食堂去头饭头菜。饮食起居完全自理。"缺腿方桌倚陋室，锅碗瓢盆皆杂陈"，便是我在一首诗中概略描述当时的处境和自炊自饮的生活情况。其实，那个只有三条腿的四方桌上，何止摆锅碗瓢盆，读的书籍、写字用的纸张，也都堆放在上面。除了当饭桌，还要当书桌用。

赣北山区的冬天，潮湿阴冷，凉气常从墙缝、屋顶乘隙而入。室内无火取暖。我想起过去徐特立曾跟我说过，当年他在长沙教书时，冬季，室内寒冷，便在

---

① 节选自《萧克回忆录》，题目为编者所加，文字有改动。萧克（1907—2008），湖南嘉禾人。1925 年投笔从戎，先后参加北伐战争、南昌起义、井冈山斗争、抗日战争、解放战争，历任连长、营长、团长及至军区副司令员。新中国成立后任国防部副部长、军政大学校长及第四、五届全国政协副主席等职。1955 年被授予上将军衔。1934 年，萧克曾率领红军在云山一带与国民党军队战斗。

屋里就地跑步取暖，不失为驱寒之道。于是，我也仿效徐老的"取暖术"，在房间里就地跑步，果然一会儿身上就有了暖意。我想这终究不是长远之计，总得想个门路，从根本上解决问题才是。

我看到我们住的房子前后、山包附近，有不少齐胸高的树桩，这是人们在伐木时站着拉锯留下的。有一天，在室内又感到冻得难受，便拿着斧、锯去伐树桩，把砍回的木桩劈开成柴。这样既可以驱寒，又解决了烧饭、取暖的薪炭问题。

萧克将军故居

从北京出发时，我就做了不再回领导岗位的准备。我想，将来不论到哪儿，总得学点劳动技能，以安身立命才是。到干校后，我根据自己的体力和爱好，开始学木工手艺。先买来一套大、中、小号的木工工具，自己又做了一把立式皮带锯和一条木工凳，就试着当起"木匠"来。好在云山既是农区又是林区，食堂的薪柴堆里就可以挑选出有用之材，向他们买来，锯成家具材料。我试着做了几件板凳、桌子、书架之类的家具，看起来还蛮像回事。1972年回北京时，我把自己做的四方桌和长方形折叠桌也带回来。几十年过去了，除桌子稍有裂缝外，色泽仍然光亮。看到自己的劳动成果像模像样，我打心眼里感到喜悦和自豪。

农历春节，是我国人民合家团聚的传统节日。除夕之夜，山区小镇一片静谧。我独居斗室，展读灯下，四壁孑然①，形影相吊。遥想全家五口分散在北京、江西、湖南、河北等处，天各一方，不得团聚，不禁怆然。于是取酒自酌，聊以排遣对家人的思念。尽管这样，我仍坚信，我们的党、我们的国家、我们的

————————

① 〔孑（jié）然〕形容孤独。

社会主义总是有希望的，眼下种种不正常现象，迟早会改变。我有时就默诵白居易《凶宅》中的诗句"权重持难久，位高势易穷……"，以表达对造反派前途的看法，也宽假当时窘迫的处境与心态。

到干校后，不少搞专案的外调人员找我调查，问的多属历史情况。我始终抱定"实事求是"的宗旨，坚决不夤缘①附会，以免害人害己，遗患无穷。比如在井冈山时，红军指战员一人一条扁担挑谷子的事，朱德挑了就是挑了，林彪没挑就是没挑。当时，林彪说是身体不好，没去。这些都是事实，不容改变，更不能把"朱德的扁担"硬说是"林彪的扁担"，欺世盗名，伪造历史。

萧克编织的布草鞋

我喜欢孩子，只身到干校后更是如此。他们经常在我身前身后转，央我讲故事、教他们写毛笔字，或看我做木工活。小家伙们求知欲很强，王伯强的儿子王伊争就是一个。他当时只有八九岁，圆圆的脸庞，大大的眼睛，常向我提一些关于红军时期和长征的问题。我指着地图告诉他，井冈山在哪儿，红军从井冈山下来又去了哪儿，长征是从哪儿出发的，先后经过哪些省份，走了多长时间，最后到达什么地方，等等。他听得很用心，也喜欢想问题，样子文静而腼腆，我挺喜欢他的。他的姐姐王伊力，当时也不过十二三岁，在云山共产主义劳动大学读初中。孩子们经常上山下田，鞋子穿得很费。那时候，我经常打草鞋，除了自己穿，

萧克诗稿和用过的工具

①〔夤（yín）缘〕攀附上升。比喻拉拢关系，向上巴结。

也送给孩子们和老表。这门手艺当年红军指战员人人都会，我也在行。有一次我打草鞋时，伊力站在旁边看。我看她很想要草鞋，就对她说："你跟妈妈要件穿不着的旧衣服，扯开成七八分宽的布条条，我帮你打双布草鞋。"她很高兴，一会儿便从家里拿了些布条来，我就给她打了双布草鞋。她舍不得穿，一直保存在箱子里留作纪念。

到江西后，还有几位不期而至的老人来找我。

第一位是当地的一位老表。那时，正是1970年春节刚过。一天早晨，张继璜到山下食堂吃早点，看见一个50多岁的农民，肩背一支鸟铳，手提一只麂子，进门就向食堂服务人员打听："萧克在哪里？"继璜见此人来得蹊跷，没有马上搭腔。过了一会儿，食堂有位湖南籍炊事员悄悄对继璜说："这人就住在附近，一直在找萧克，能不能让他见见？"继璜了解了一下情况，便把他带到我住处。坐下来一谈，原来是1930年我在红一方面军当师长时，他在师部当过伙夫，因为打摆子打得厉害，回家养病后，就与部队失去了联系。我们

1981年11月6日萧克回云山

聊了一阵子过去的人和事，他便起身告辞。临走非要把那只麂子给我留下不可。我推辞不掉，便拿出 50 元钱说："你送我的我收了，我送你的你也不必客气。"他推辞再三，最后把钱收下，高高兴兴地去了。

又过了一些时候，从吉安南面的泰和县来了一个农民模样的老人，提着一块腊肉，在周田街上打听我的住处。当地老表摸不清他的来意，便兜圈子盘他的底。有的说："听说那萧老汉被打成了'走资派'，你找他有什么事？"来人一听就火了："我管他是什么派！他是我的老师长，看看也不行吗？"他找到我以后，见面就喊"萧师长"，说当年在江西独立第五师曾当过我的通信员，后来也是因伤病离队，痊愈后不知部队去向。他是从泰和步行到永修的，中间隔着好几个县。为了见我一面，他专程由江西中部来到赣北，盛情实在令人感动。

第三位来找我的，是一个从南昌来的姓魏的湖南籍女同志，一见面就亲切地叫我"萧连长"。听到这个称呼，我就断定她是井冈山时期的老同志，因为 1928 年我在朱毛红军任连长。她说她早在湖南宜章县和井冈山时就认识我，她是在第五次反"围剿"的战斗中负伤后离队的，谈起这些年来的经历，不免有些伤感，我听了也不禁为之黯然。

中国革命胜利来之不易，其经历之艰苦曲折，情况之错综复杂，由此可见一斑。

经过一年的审查，在 1970 年秋的一次群众大会上，恢复了我的公民权（没有恢复党的生活）。

"九一三事件"后，在干校范围传达、学习揭发批判林彪的材料，展开了肃清林彪反革命集团流毒的群众性批判。"文革"以来，我的心情从没有这样舒畅过。因为高兴，又一次登上了云山。我一早开始爬山，雾气很浓，人在雾中穿行，走一段，停一停，近午方始登顶。凭高眺望，眼前白云苍茫，随风变幻，时阴时晴，气象万千；阵阵山风吹来，松吟蝉鸣。面对如画景色，不觉心旷神怡，因得七律一首：

山居又是沐秋阳，惟读惟劳且自宽。

晨出家门穿雾上，午登山顶看云翔。

青杉作伞蝉鸣晚，绿草如茵野菊香。

一任乱云随风舞，抬头凝目望东方。

云居日出

这时我唯一感到不足的，是党的生活尚未恢复，内心还是有一种难以排遣的孤独感。我入党后，只是在南昌起义失败后一度与党组织失掉联系，经过千辛万苦寻找，终于恢复组织关系，但在"文化大革命"中又被"开除"出党。此次来江西，原以为能通过整党恢复组织生活，然而整整五年多，一直置身于党外，就同当年与党组织失去联系，形同孤雁的感觉一样。

1972年1月16日那天，张致敬来电话通知我："党的核心小组决定恢复你的组织生活。"听到这个消息，我心上的一块石头顿时落了地。终于又回到党的队伍中来了！心里真有说不出的高兴。

过了20天，校部又来电话，通知我回北京。我又惊又喜，忙追问一句："带不带东西？"对方答："带，全带上！"我明白了，是召我回北京了。

从云山出发，3000多里路程，历时两天两夜，终于在春节前回到北京。全家三代，分别从各地归来，劫后重聚，畅叙别情，颇有恍若隔世之感。

相关链接

歌曲《我和你》

更多内容，请扫描二维码

我　和　你

王经燕　张朝燮　词
陈光来　曲

1=♭E 4/4
♩=70 深情 坚定地

6̣ 3 | 3· 2̲3̲ 1 - | 7̣· 5̲ 6̣ - | 0 6̲6̲ 1̲1̣̲6̣ 2̲3̲ | 5̲3̲3 2̲3̲5̲6̲ |
这世界，因为我　有 了你。　我们在一起 两小 无猜， 以心相
人世间，一十百　千 万亿。　命运使我们 今生 相聚， 携手风

6̣ 3̲2̲3 - - | 3̲6̲6̲ 6̲7̲6̲6̲ - | 5̲5̲6̲5̲3̲3̲ 0 2̲1̲ | 2̲1̲1̲2̲· 2̲ 7̣ |
许。　伟大的理 想，　共同的志 向。　我们 生死与共， 我
雨。　坚定的信 念，　奋斗的勇 气。　我们 相恋相爱， 永

7̣· 6̲5̲6̣ - | 6̣ - - 0̲3̲5̲ | 6̲7̲1̲ 7̣· 6̲6̲5̲6̲ | 3 - - 0 6̲ |
就是你。　啊，你不是你， 我 不是我。 把
不分离。　啊，你不是你， 我 不是我。 把

6̲6̲6̲1̣̲6̲6̲5̲5̲5̲ 6̲3̲ | 3· 1̲ 2̲2̲ 1̲7̲ | 5̲6̲6̣ - 0 6̲1̣̲ | 3· 2̲̇1̲2̇ - |
你我的一切 奉献给人民，　哦，生命 才有 意义。　啊， 你 不是你，
你我的一切 奉献给人民，　哦，生命 才有 意义。　啊， 你 不是你，

2̇· 2̲̇1̲ 1̲· 7 | 7̲7̲7̲7̲3̲7̲ 7̲6̲7̲6̲ | 6̲3̲3 2̲3̲ 5̲3̲ | [1.] 7̲6̲6 - - :|
我 不是我。把 你我的　一切 奉献给人民，　生命 才有 意义。
我 不是我。把 你我的　一切 奉献给人民，　生命 才有

[2.] 7̲6̲6 - 0̲3̲5̲ | 6̲7̲1̲ 7̣· 6̲6̲5̲6̲ | 3 - - 0 6̲ | 6̲6̲6̲1̣̲6̲6̲5̲5̲5̲ 6̲3̲ |
意义。　啊，你不是你， 我 不是我。　把 你我的一切 奉献给人民，

3· 1̲ 2̲2̲ 1̲7̲ | 5̲6̲6̣ - 0 6̲1̣̲ | 3· 2̲̇1̲2̇ - | 2̇· 2̲̇1̲ 1̲· 7 |
哦，生命 才有 意义。　啊， 你 不是你， 我 不是我。 把

7̲7̲7̲7̲3̲7̲ 7̲6̲7̲6̲ | 6̲3̲3 2̲3̲ 5̲3̲ | 7̲6̲6 - - | 5̲ 3 - 5̲3̲ |
你我的 一切 奉献给人民，　生命 才有 意义。　生命 才有

7 - - - | 6 - - - | 6 - - - | 6 0 0 0 ‖
意义。

　　八百里修河的润泽哺育，两千年海昏的历史积淀，鄱阳湖浩渺的烟波水面，云居山悠扬的晨钟暮鼓……一条小巷、一条老街、一栋古旧的建筑，勾起永远的情结；一叶小舟、一座岛屿、一羽翱翔的飞鸟，激荡由衷的情怀；一朵鲜花、一方荷塘、一棵香樟的氤氲，蕴含永恒的情愫。

我 是 修 河

梁 莉

我是修河。

从铜鼓修潦尖出发，自西向东，翻越千沟万壑，八百里奔腾澎湃，抵达永修。在山下渡，我放缓脚步，伸出臂膀，手挽潦河，穿城而过；又柔情百转，在吴城与赣江汇合，注入鄱阳湖。

我汇聚了云中水、坡上雪、草里露。我聆听黄龙山的梵呗，应和云居山的禅音，淬炼许真君的宝剑，洗濯黄庭坚的墨笔。我双手紧紧攥住幕阜山脉

修潦交汇

和九岭山脉两条护持赣鄱大地的云间巨龙，扭着柔软的腰肢，踏着急切的鼓点，呐喊着、呼唤着、高唱着，在太阳下滚动，在月光里翻腾。我向着遥远的天际，朝着蔚蓝的大海，从纤细走向丰腴，从崎岖走向坦途，从贫瘠走向肥沃。

我和我的姐妹赣江、抚河、信江、饶河共同养育了江西四千多万人民，我的乳汁清澈而甘甜。春天，冰雪融化，麦苗苏醒，我滋润了两岸的山林田野，催开了万千桃花，唱着欢快的歌向春姑娘致敬。入夏，我碧波荡漾，水势浩渺，到处是千帆竞发的忙碌景象。秋日，两岸稻谷金黄，渔歌欢唱，我和勤劳的人们一起共享天地的恩泽，沉甸甸的果实缀满丰收的枝头，好一派硕果累累的景色。冬季，雪花飞舞，我银装素裹，带着来自远方的冰凌，静静地流淌着，每一个小小的旋涡，都饱含着对来年五谷丰登的期盼。

多少年来，早起的居民，撩开我的面纱，挑水、洗衣、收网，交汇成一幅绚丽多彩的诗画，摇橹声、捣衣声、欢笑声，奏响一支悠扬和谐的乐曲。从铜鼓、修水、武宁来的木排、竹排、货船，白帆点点，影影绰绰，由远及近，随我东下，入鄱湖，进长江，直抵南京、上海。排工们嘹亮的山歌、雄浑的号子响彻长空。从吴城来往永修县城的客船、货船、渔船，将一河的朝阳搅碎，溅起一朵朵金色的浪花。山下古渡口，两岸的百姓，朝迎旭日出，暮送夕阳归，船只穿梭来往。

我的流域不仅自然风光旖旎，人文景观也不胜枚举。易家河的山水间，流

南岸早市

传着吴王峰的故事。云居山的牧童短笛中，混融着禅宗袅袅佛音。杨柳津渡口前，萦绕白居易的诗意吟哦。松门山的晚风，携着李太白当年的鼓瑟余音，让人遐思，流连忘返。厚德笃学的李公择，荐贤举

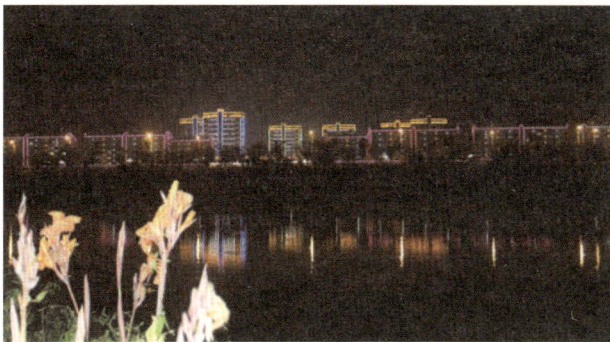
河畔夜景

能的魏源公，举世闻名的"样式雷"，以及大革命时期的王环心、张朝燮、王经燕、曾去非等英烈，在余晖脉脉水悠悠的意境里，全都化作了一阕阕亮煌煌的历史篇章。唯有我挣脱历史的拘束，依旧在夕阳下静静流淌，绚美而和谐。

当你看到两岸郁郁葱葱的农田，当你听见劳作的欢声笑语，当往来的班船鸣响着汽笛，当一支桨橹搅动如丝绸的浪花，你便能感受到我清新的气息，宛如沉浸在一首美妙的抒情诗里。无论你有多少天涯行脚，不妨放慢自己的脚步，去鄱阳湖国家级自然保护区，看"飞时不见云和月，落地不见湖边草"的鹤舞鄱湖景象；去桃花尖，体验一次回归大自然的漂流；去易家河生态观光园、江上竹海、修河湿地公园，瞧一瞧两岸新气象。

我见证了南昌起义的星星之火，亲历了修河保卫战的战火硝烟，目睹了新永修天翻地覆的变化。为了让我更好地造福一方，柘林大坝将我拦腰截断，库区水位上涨，山峰变成了绿岛，星罗棋布，湖光山色，风景宜人。我变得深邃、温婉、清亮，成了人们休闲的好去处。无论我到哪里，哪里都百花盛开，绿树繁茂，稻谷飘香。

改革开放以来，城乡建设一日千里。先是浮桥代替了渡船，然后钢筋水泥桥代替了浮桥。现在，一桥、二桥、三桥争先恐后，如长虹卧波，似架海金梁，撑起永修经济腾飞、社会发展的脊梁。我依然以温婉的姿态、开放的胸襟，扬旗张帆，过鄱阳，入长江，不舍昼夜，奔向蔚蓝的大海。

我是一方水土的血脉，我是修河。

游真如禅寺记

李 鸣

我朝拜过许多释家庙宇，印象最深的当属云居山真如禅寺了。

真如禅寺位于永修县云居山莲花城，素以梵宇庄严、清雅绝俗、古迹荟萃见称，为中国佛教禅宗五宗之一 —— 曹洞宗发祥地。

清晨，乘汽车从105国道周田段转云居山盘山公路蜿蜒而上，沿途山势巍峨险峻，树高林密，虽已时近深秋，仍满目苍翠。经过南阳寺、圆通寺，透过车窗望去，山环路转，林木葱郁，隐约传来木鱼声和诵经声，内心肃然起敬。

行至8公里石桩处，只见云雾缥缈，时隐时现。山间的晨雾，带着一抹

雾中真如禅寺

淡淡的馨香，和着一息湿润的水汽，摩挲我的面颊，沁入我的心脾，梦一般的深幽和朦胧。前方不远处漂浮着一朵白云，尤为神奇，好像山外峰峦驾云飞来。是山？是云？似乎有一位画家在充分展示自己的绘画天赋，将山水、云彩、庙宇组合成一幅迷人的画卷。

盘山公路

　　近一个小时的车程，到达山门，继续前行约两公里，便是赵州关。据《云居山志》记载：唐代，赵州从谂和尚登山拜访道膺禅师，两人在此叙别。后人在此建一石坊，名之"赵州关"，以为纪念。进入关内，清风送爽，流水淙淙。放眼望去，平野旷阔，阡陌纵横，殿宇林立，耳畔佛音缭绕，宛如瑶池仙境。沿青石小路步行，两旁古木葱茏，多为银杏。此树俗称"白果树"，属国家一级保护树种。据僧人介绍，寺庙内外有大小白果树近百棵，树龄长短不一，最长的有1200余年，为道膺禅师亲手所植。只见古树盘根错节，苍劲挺拔，枝叶繁茂，真可谓"上界弗知何处去，西天移向此间来"。

　　不远处，由院墙环绕着一组雄伟的建筑群，红墙铁瓦，气势恢宏，在参天古木的掩映下，庄严肃穆，这就是真如禅寺。相传早在唐宪宗元和初年（806），道容禅师就结茅于云居南麓瑶田寺，司马头陀过访至此。二人同登山顶，见此处"四周峰围，外壁立以千仞；中央却地平如掌，湖澄似镜"，遂治基建寺，冠名"云居禅院"。至唐僖宗中和三年（883），曹洞宗第二世祖道膺禅师应豫章南平王钟传之邀，由庐陵（今江西吉安）来此弘宗演教，前后达二十余年。由此，云居禅院声名大振，门徒云集，极盛时多达千余人，唐僖宗赐额"龙昌禅院"。北宋大中祥符元年（1008），真宗亲书飞白体①"真如禅院"，敕名真

―――――――――――

①〔飞白体〕书法中的一种特殊笔法。

如禅寺，相沿至今。

真如禅寺建筑群规模宏大，格局规范有序，整体风貌为仿古宫殿样式，多为单檐歇山顶，亦有少量重檐，蔚为壮观。从高处俯视，殿宇宽敞，楼阁错落。整座寺院占地数十亩，由天王宝殿、大雄宝殿、藏经阁等大小20余座殿宇构成，典雅古朴。大雄宝殿最为雄伟，它位于全寺建筑群中轴线的中心，重庑双檐大开间砖木结构，殿内正中供奉巨型释迦牟尼佛像，两侧分别为药师佛和阿弥陀佛，均高达10余米，全部彩绘装金，法相端庄。大殿东西两侧内墙花岗岩台基上相序而列十八罗汉塑像。三大佛背面供奉着南海观世音和文殊、普贤菩萨像等众多彩绘浮雕塑像，形态各异，惟妙惟肖。

银杏秋韵

走出大雄宝殿，在知客僧的引领下，我们来到藏经阁。阁内典藏丰富，除经书外，还有许多诗词歌赋集，让人目不暇接。据介绍，真如禅寺自古文风醇厚，立寺一千多年来，不少文人墨客和高僧大德慕名朝觐，参禅诵经，并题咏抒情，留下许多千古名篇。至今尚存唐代白居易、宋代苏东坡、黄庭坚、佛印和尚、秦观等的诗词歌赋近千首。阁内还藏有许多农业方面书籍，这也是真如禅寺又一大特色——"农禅并重"的体现。从唐朝开创至今，庙内僧众过着自给自足的生活。莲花城内一片片绿油油的菜蔬、金灿灿的稻谷及满山遍野的茶树，好不壮观。

真如禅寺周边有风格各异的历代僧塔近百座，它们是见证中国佛教圣地云居山历史的重要地面遗存。这些得道高僧的墓塔，是僧侣的灵魂居所。他们与山岩相伴，与日月同辉。每一座塔下，都蕴藏着一个故事、一段佛缘。塔林因建筑年代不同而具有不同的布局和特点，造型典雅，石雕工艺高超，图案精美细腻，巧夺天工。鉴于僧塔的重要价值，云居山塔林现已被列为国家级重点文物保护单位。

莲花城

真如禅寺在唐、宋时香火鼎盛，全盛时有殿堂楼阁 500 余间、僧众 1000 余人。之后，寺宇多次惨遭兵燹①，尤其是抗日战争时期被日军严重损毁。1953 年，中国佛教协会名誉会长、当代禅宗泰斗虚云老和尚来到云居山，目睹这座历经千年的祖庭破败不堪，感慨万分，发愿重兴。经过六年努力，重建了庙宇，恢复了禅事。武学高僧海灯法师曾应邀住持真如禅寺并讲学，中国佛教协会前会长、当代高僧一诚及传印长老亦在此住锡多年，励精图治。经过几代僧俗的共同努力，真如禅寺以崭新的面貌、深厚的佛教文化底蕴，再现千年古刹昔日禅风，成为"全国汉传佛教三大样板丛林"之一。

离开真如禅寺已近晌午，笼罩在寺院和山峦上的薄雾渐渐隐去，虹彩斑斓。回首望去，宏伟庄严的宝刹与古朴肃穆的塔林，定格在远方，朦胧而神秘。我思绪万千，不禁想起大文豪苏东坡的赞叹："冠世绝境，大士所庐，四百州天上云居。"

---

① 〔兵燹（xiǎn）〕战火焚毁破坏。

美丽的海　心中的湖

孙丽君

　　对于每位匆促造访的人而言，庐山西海的美无疑是盛大而又细致的，但同时也是遗憾的——遗憾于景观宏大，匆匆一行未必可以将其遍览；遗憾于历史厚重，惊鸿一瞥实难品透她的底蕴；更遗憾于如此梦境，到底不能久居其间。

　　西海是适合放慢脚步的地方。呼吸着富含负氧离子的清新空气，品味着清冽的湖水，登岛看水，或是随波览胜，渐渐地，便会忘却来时，忘记归路。很多次站在甲板上，我被西海的怀抱轻拥着，眺望远处的水天交融，看着岛上各种树、各色花、各类叫不上名字的鸟，心想，那树林必有穿流而过的风方能

西海一角

摇动一树的婆娑，那花丛定是被明媚的日光、温婉的月色反复浣洗才能漾开满眼的柔媚，那鸟羽必定要掠过山巅的流岚、水面的雾霭才能伸展出绝尘的超脱。

西海也是适合遗忘的地方，因为它有太多让人怡然释怀的去处。登高而忘忧，古诗所提"嵯峨杰阁通诸天，一经迂回绕峰巅"，不正与"举手摘星辰"的高绝异曲同工吗？更有日月星光，云雾霞霓，四时之景不同，一日之景也可能瞬息万变，身处其间唯恐应接不暇，只怕早已顾不上烦忧。

西海虽大，却不让你有敬畏感，更多的是亲切。她从孕育到出生，从被开发保护直至未来的发展规划，无不与人的关注和活动密切相关。可以说，离开西海的人是惆怅的，没有人的西海也是寂寞的。当人与水相遇之后，总会碰撞出无数奇异美丽的火花。人水共生，人水互动，人水和谐，我想，这应该就是人与水结缘的最高境界吧。当无数无名小岛拥有了属于自己的名字，当深入其中不经意间领略到别具一格的花鼓灯、锄山歌、采茶戏、傩面舞，当翻阅西海的历史，数不尽古寺牌楼、高僧塔林、摩崖石刻……这些都成为可以观瞻和

南码头

触摸的现实。

春夏之交的日子亲近西海，或许还能收获另一番惊喜——发现桃花水母。优越的生态环境，前瞻的保护理念，造就了西海的生物多样性，同时使之成为世界级濒危物种、有"水中大熊猫"之称的桃花水母的最大繁衍地。

水与山呼应着，水与人呼应着，动与静呼应着，出尘与入世呼应着，古老与年轻呼应着。庐山西海，算得上是世间的骄子、造化的精灵、时间的宠儿。

和我一样，熟悉这里的人唤她西海，权当昵称。在这里，有形和无形成为一对难舍难分的兄弟，一边反复刻画和加深着禅山圣水的具象，一边不断涵养和吞吐着政治、经济、文化等人文气息。

西海先前的名字叫柘林湖。柘林湖有一段曲折而震撼的历史。新中国成立之初，百废待兴，举国上下大力兴建水利工程。修河作为江西五大水系之一，自西向东绵延流淌，贯穿铜鼓、修水、武宁、永修。其中、下游虽说是鱼米之乡，但常年深受洪涝侵害，拦河修坝成为迫切需要。修河行至猴子岩和鲫鱼背两山之间，渐渐收窄，此处因而成为筑坝的理想之地。1958 年 8 月 1 日，柘林水利水电枢纽工程（简称柘林水库）正式破土动工。

建坝并非一帆风顺。起初两年，修河连续发生洪灾，又恰逢中苏关系恶化，苏联政府召回了支援水利建设的全部在华专家；与此同时，国内开始经历严重的自然灾害，工程被迫停工。

1970 年 8 月，江西省革命委员会决定"土法上马"，复工续建。一时间，九江、南昌及外省劳工云集于此。整个工地红旗遍地，号子震天，高峰时，劳动大军有十万之多。据当地老人回忆，修建水库时非常艰苦，他们吃的是萝卜、青菜、咸菜疙瘩"老三样"，住的是泥巴糊墙、油

穿湖而过的永武高速

柘林水库大坝

毛毡盖顶的简易工棚。"晴天一身灰，雨天一身泥"是他们生活的真实写照。所有土方挖运及堆筑，全靠肩挑背扛。偌大的施工现场，来自葛洲坝、小浪底等工程的"南下干部"进行技术指导时，也只能徒步奔波。

1983年6月，历时25年的柘林水库工程全部竣工。放眼望去，一座宏伟壮丽的大坝雄踞于天水之间，峻峭巍峨，号称亚洲第一大人工土坝。

悠悠修河水，泠泠万顷波。由于大坝的挽留，孕育出这座巨大的人工湖，因大坝位于柘林镇，故称"柘林湖"。

大坝竣工后，水库水位逐渐上升，未被湖水淹没的众多山头变为大小不一、形态各异的岛屿，繁若星辰，蔚为壮观。迷人的湖光山色引来一批批投资商，一些无名岛逐渐被开发，被冠以好听的名字——外婆岛、鳄鱼岛、金猴岛、桃花岛、飞龙岛等。

随着时间的推移，曾经"养在深闺人未识"的柘林湖已声名远扬，然而困扰也随之而生，一湖多名影响了景区对外的整体形象。后来，公开向全社会征名，因其地处庐山以西，水域浩瀚，最终定名为"庐山西海"。

街·船·鸟

——《千年吴城》电视片解说词（节选）①

蔡恒茂

街

我的故乡，在江西省永修县吴城镇。

清朝到民国期间，吴城镇与景德镇、樟树镇、河口镇并称为江西四大名镇。自古以来，这里的水路就十分便利，被誉为鄱阳湖畔的一座天生良港。有道是"装不尽的吴城，卸不完的汉口"，那时的吴城居然和武汉三镇之一的汉口齐名了，可以想到当时的繁华景象。

故乡的街道也很有特色。以"六坊八码头，九垅十八巷"而著称的古镇，是个"下雨上街不撑伞，挨檐走路不湿鞋"的好地方。青石条铺成的石头街，明亮似镜，光滑洁净。

油香、二来子、酥糖、白糖糕这些美味糕点，从沿街的店铺里散溢出阵阵诱人的香气。久负盛名的银鱼干、大板黑瓜子、藠头、冬瓜、藜蒿把石街两旁点缀得琳琅满目。

多少年过去了，时光之水在两岸嶙峋的石壁上静静流逝，几十座外地客商的会馆，仅剩存了吉安会馆孤零零的石坊门楼。当年墙壁上金碧辉煌的油彩

---

①选自《话说吴城》，原文为6篇解说词，这里选用其中3篇。

豆豉街

早已剥蚀殆尽，花鸟虫兽的图案纹路已被磨平。

十八坡旁，依稀可窥见少许破屋陋巷、寒烟衰草的市井旧貌。

傲立镇东面山丘上的望湖亭，岁月的风雨吞蚀了它的躯壳，显露了它那非凡的骨架。

在悠悠岁月磨损的石板路上，如今铺起了宽阔的水泥大道。明亮的街灯，伴着晶莹的雨丝，飘洒在大道两旁的梧桐和杨树上。那些油漆斑驳的木板楼，那些破败而典雅犹存的雕花门窗的背后，如今已冒出春笋般鹅黄淡绿的高层楼房。电子音乐和迪斯科的旋律响遍了街头巷尾。

移民建镇形成的一条街上，出现新的色彩和叫卖声，山南海北的商品信息，给古镇带来了不同往昔的生机勃勃的生活节奏。

整座古镇，灯火闪烁，百姓安乐，酒香四溢。古镇的新街为扶疏的树叶所遮盖，显得那么温情脉脉，那么令人耳目一新，那么温暖亲切。

船

烟波浩渺景色绚丽的鄱阳湖，商旅云集，桅杆高耸。

雪浪排空惊涛拍岸的赣江，百舸争流，千帆竞发。

云凝波平荡气回肠的修河，泊船一排，风车呼呼。

江河湖的交汇处是我的故乡吴城。她接纳赣、修、抚、信、饶五大河流，经鄱阳湖直入长江，畅通赣、皖、鄂、川、浙各省。水面上，故乡的船很多，有小木筏、橹船、机驳、篷船、挖沙船、渡船、渔船……竞驰的渔轮和舟帆，驾着轻舟凌波而来的少女，在湖面上撒网的渔夫和垂钓的渔翁，如同一幅天然的水彩画卷，处处给人一种返璞归真的自然情趣。

故乡造木船的技术远近闻名，造船工一双灵巧的手，不停地削料、刨木、进钉、平缝、捻灰、抹桐油，六七道工序过后，一艘艘崭新的木船竣工下水了。

对船，我情有独钟。1954年8月19日发大水的子夜，我呱呱落地，爸爸给我取名船儿。妈妈在船头放只大脚盆当摇篮，我在里面摸爬滚打，看爸爸撑篙，瞧妈妈划桨。见到妈妈在船舱里整理鱼钩挂蚯蚓，看到爸爸在船头叉开双脚撒渔网，我高兴得手舞足蹈。有了小伙伴，我们一起摇着小木筏，采菱角摘

鄱湖渔船

莲蓬，筑土埂捉小鱼，童年的趣事唤醒了无穷的情怀……

　　第一次在江河里学划船，是香香姐手把手教我。她不仅教会了我划船，还是我学文化的启蒙人。别看她小小年纪，跟着读私塾的爷爷，她学到了不少知识。她不断鼓励我："不管风吹雨打，你要做一个坚强的男子汉！"

　　学海无涯苦作舟。我用自己的双手不停摇动人生航船的大橹，直到上山下乡养猪养鸡采野菜，直到防洪抢险运沙包，直到狂风恶浪折桨断帆，直到渔歌唱晚神思飞扬。跌宕起伏的人生大海，托起顽强的生命桅帆，骤发抑扬顿挫的拼搏风哨，孤身奋战的单帆只影，我终于驶抵人生亮点的彼岸。

　　以船为伍，以桨为伴，鹰击长空，鱼翔浅底。自然的长河，人生的商海，载着我这艘漂流的船儿不断沉浮与升降。如此，岁月无悔，人生无悔！

　　久居城区闹市，阅尽繁华新貌，我仍然格外想念故乡的湖，故乡的船……

鸟

　　一路行船前往鄱阳湖畔芦苇之洲的水镇泽国，两耳不绝鹤声缭绕，欣赏眼前的鄱阳湖，儿时的记忆又映入眼帘。

　　这是我国第一大淡水湖。放眼望去，初冬的湖面蓝湛湛的，水天一色，一尘不染，宛如澄清无垠的玉宇。纤细的云间，射出几缕光束，紫色的云气，将湖水罩在一层迷离的烟雾里。

　　好美的一个清晨啊！鸭子逍遥地游着，卖弄早起的俏皮，一会儿缩颈回首舔着背羽，一会儿伸长脖子似要仿人站立，要不干脆悠然地游去，拖一道优美纹路。

　　洁白如云的天鹅，银灰似霞的鹤群，安详地延展在地平线上，在羽绒般的蔚霞覆盖下，显得格外美丽。这些精灵，有的嬉戏于湖面，有的栖息在苇丛，有的腾空在天穹，自得其乐，快活无比。看见这嬉戏于湖面的鸟群，我们便兴奋地呼喊起来。此时大雁、天鹅、白鹤也欢乐地腾飞起一片，覆盖头顶，光耀夺目，犹如三春的艳阳一般的绚丽。它们引颈长鸣，掠过湖面，扇着长长的翅膀，轻轻地舔着平软的沙滩。

撒网的渔夫和垂钓的渔翁悠然而自得，驾着轻舟凌波而来的渔家姑娘，在霞光璀璨的湖面含情地穿行于湖鸟之中，使人处处感受到"同在蓝天下，人鸟共家园"的自然和谐。

我们仰卧在湖滩上，默默地欣赏这人鸟合一的美好景致和那咻咻啾啾的天籁之声。这洋溢着诗意般情调的日子，点缀了我平凡的生命。在生活的大世界里，我寻到了一位快慰生平的知己——鹤鸟。我以灵气摄取那潇洒的风姿，一点一滴地叠砌永恒，憧憬那"海阔凭鱼跃，天高任鸟飞"的美妙境界。

多美的故乡，多美的山水！神驰间，我不觉异化为亭边一座山、岩上一棵树、水中一条鱼、天上一片云，犹如那漫天蔚蓝中一只羽翼未丰的小鸟。

数年过去，虽然饱尝了离家的滋味，但只要看见鸟群，听见鸟鸣，便会心旌颤动，神思飞扬，冲淡终日萦绕心际的离愁，也品悟出生命的意义，不在于终极，而只在于追寻。

啊，故乡的鸟，你给了我多少生活的乐趣和启迪！

候鸟云集大湖池

人间仙境龙源峡

徐 峰

云居山的深处，有一处被人们誉为"东方亚马孙""南国九寨沟"的风景胜地，她就是龙源峡。

那里有碧绿的湖水，飞泻的瀑布，松软的草地，清新的空气，醉人的花香，甘甜的山泉，诱人的野果。不少慕名而来的游客为龙源峡的美景所深深吸引，陶醉其中。龙源峡一年四季景色宜人：春赏桐花烟雨，夏纳湖面清凉，秋观层林尽染，冬览玉树琼花。

春到龙源峡

可谓是春如梦，夏如滴，秋如醉，冬如玉，俨然一个如梦似幻的人间仙境。

古朴的原始森林

龙源峡的千福滩有一片古木森森、溪流潺潺、紫藤攀缘、百鸟云集的原始森林。远远望去像一尊仰卧的观音，茂密的树林宛若观音的千手，长短均匀，疏密有度。一片片参天大树中常常弥漫着淡淡的薄雾，那种亚马孙河般的幽深、神秘，显出她诗画般的美丽。在这里能听百鸟欢唱，感受"蝉噪林逾静，鸟鸣山更幽"的空灵；也能在清澈见底的溪流中踩踏松软的细沙，捡拾七彩的卵石，观看戏水的游鱼；还可以体验斜步飞板、铁链弹桥、秋千侧桥的刺激与快乐。

原始森林

　　这里的枯木具有多层次的形骸之美，枝干交错回环，姿态宛转虬曲。或古根出土，或峭枝横空，神袅袅，光飘飘，形如龙，状野逸，苍老、古怪、跌宕，互置其间。这样的情景给人带来"病树前头万木春"的感受，老树和枯枝在枯朽丑拙中，依旧追求着饱满的生命意义。野花浮岛，小桥流水，以生机勃勃的形式加以映衬，有异境，有仙踪。这里的氛围安详，古老和神秘相伴相生。走在这静谧的山林中，感受与山峦共舞，与花草、溪水为伴的快乐，一定会让人淡定而沉着，拥有一种特别的哲学体验：本真之态，无用之美，最是动人。

碧波荡漾的双燕海

　　双燕海，一说它的形体像两只比翼双飞的燕子，还有一说是因古代一对生死相依的恋人化成燕子在这里双栖双宿而得名，又或是有其他的渊源，无从考证。但只要到这里感受一下，你可能还有更多离奇的想象。双燕海的上游有林源港，下游有十里溪，溪水穿越森林，流过草地，或静静流淌，或细浪翻滚。双燕海水面碧绿宽阔，可以乘上竹筏，在上面悠闲荡桨，也可以在情人桥下缓缓戏波，抑或在三星岭旁嬉水，在逶迤海岸垂钓。双燕海秀色诱人，让人心醉。

秋天的双燕海，周边的枫树全红了，层林尽染，色彩斑斓，它的颜色从红到橙，从橙到黄，树影倒映在水里，形成一幅绚丽多彩的山水画。还有一些生长在水里的沧桑古树，与青藤交织在一起，别有一番"东方亚马孙"的风情。

双燕海

迷人的蝴蝶谷

茂密的森林，温润的气候，使龙源峡拥有大量的适宜蝴蝶生长繁育的寄主植物和蜜源植物，引来成千上万的蝴蝶在这里生长、繁衍、飞翔、嬉戏；同时又有不计其数的蜻蜓在林间、在草地、在水边、在花丛中载歌载舞，相互追逐。在迷人的蝴蝶谷，观蝶追蝶、捕捉蜻蜓更是孩子们在其他景区都难以体验到的特有乐趣。这里的蝴蝶有10多个品种，主要为虎斑蝶、中华蝶等珍稀品种。如今，蝴蝶谷已是全国较大的蝴蝶研究、科普、繁育、标本制作基地。金秋十月，漫山红遍，这时蝴蝶谷的蝴蝶全部飞向大自然的怀抱，翩翩起舞，美妙至极。走进蝴蝶谷，定能体会到蝴蝶王国的迷人之处。它童话般的五彩缤纷，让人陶醉、令人痴迷。

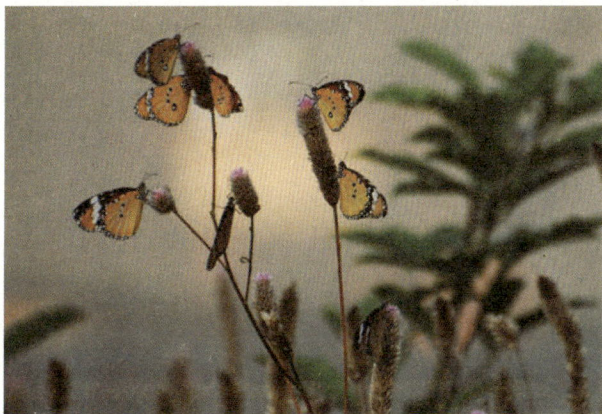

蝴蝶蹁跹

突兀幽深的十里溪峡谷

十里溪位于龙安河上游，河床忽宽忽窄、忽陡忽缓，怪石突兀、溪谷幽深。夹河两岸树木葱茏，绿草如茵，芭茅摇曳，鸟叫蝉鸣。十里溪峡谷，集"清、幽、灵、秀、神、奇、险、野"于一体，荟萃山川精华于峡谷之中，原始风物，秀绝一方。春暖秋爽，是休闲度假、生态旅游、探险览胜、登山野趣、朝圣祈福的好去处。每到夏天最为热闹了，漂流的人接踵而至，他们驾驶着皮划艇穿行其间，沿飞瀑凌空而下有惊无险，遇怪石左冲右突刺激异常，入窄道急速穿越风驰电掣，进宽道荡桨闲游舒心怡然。十里溪峡谷全长4公里，溪内林荫蔽日，高含量的负氧离子令幽谷空气清新，沁人心脾，别有一番境界。

龙源峡之所以为人间仙境，不仅因为得天独厚的地理优势，更在于它将生命的力量和自然景物完美地结合在一起，充盈在山谷之中，令人流连忘返，如痴如醉。天下的好景太多，但有的路途遥远，一生只能游览一次；有的以险取胜，只能供部分人冒险。只有这龙源峡，路不远，山不险，景色特别美。你若有机会来此观光，定能乘兴而来，满意而归，更有一次游历了人间仙境的体验。

十里溪峡谷

白莲公园

蔡丹香

推开阳台的窗户，跃入眼帘的是白莲公园的灯塔。她由一片青绿树林托举着，颇似上海外滩的地标建筑——东方明珠。阳光下，她熠熠生辉；夜幕中，她华光四射。若是走近细看，呈现在你眼前的是盛开莲花状的底座，粉红与乳白的花瓣，清新柔美，让人似乎可以闻到她莲花的馨香。默然念想，这就是一盏引领人们走向圣洁善良的莲花灯，带给人宁静与祥和。

公园依地势而建，树木葱茏，花草丰茂。她色彩丰富，景观精致。或许，她不及那些著名的城市公园气派，也缺少以园林闻名于世的江南公园的浪漫，但在县城，她独一无二，有品质，有灵魂。

每当放学后，总有三五学生踏着单车，结伴到这里嬉戏。我也常漫步其中，欣赏建筑的精巧，全心见证公园的变迁，感受公园里树叶由新绿青翠到五彩斑斓的变化。里面有高大的松树和樟树，还有人工规划种植的品类繁多的花木，以及匠心独运的建筑和各式各样的健身

公园夜景

器材，让我流连忘返，乐而忘忧。

立春以后，春寒还未褪尽，公园的玉兰就在瑟瑟的风中绽放了，硕大的花朵立在枝头，让看惯了冬天单调枝叶的我眼前一亮。轻轻地托起那低矮的一朵，端详淡若敷粉的洁白花瓣，俯身呼吸沁人心脾的幽香，很是陶醉。天气渐暖，桃花、海棠、樱花……次第开放，公园被装扮成一个姹紫嫣红的世界，吸引了大批市民驻足花前树下留影。

公园东门

灯塔四周低矮茂盛的灌木，被高树的浓荫覆盖，没有阳光的直接照射，虽不如鲜花明净亮丽，长势却蓬蓬勃勃，尤其是拥有与众不同的叶子，绿得发亮，绿得深沉，绿得让人敬畏。她们四季常青，始终如一，或许是阴冷与寒凉造就了她们跨越季节与气候的美丽。庄子说，天地有大美，万物有成理。公园里的花树生命处境各不相同，各具其美，各自彰显其别具一格的精彩。

公园由南北走向的一东一西两座小山丘组成，山丘之间，架了一座小石桥。桥下虽有一泓浅水，但不见荡漾的水波。没有杜牧描写的"长桥卧波，未云何龙"的幻觉，却带给我无限美感。静静的夏夜，星辉满地，我默然站在桥上，面对泛着灯光的浅水，倾听蛙鸣，感受天籁之音的美妙。当然，你可以在白天来这儿，听鸟、听蝉、听风、听雨、听往来人的足音，我给她取名为"听桥"。

因为公园的植物四季常绿的居多，所以，秋天的公园没有"落木萧萧"的疏朗与荒凉，她拥有生机，饱含活力。徜徉园中偶尔见到一两棵红枫，鲜红的枫叶出现在我眼前，随风摇曳，我会不由自主地停下脚步来凝视她细腻别致的叶形和艳丽的色泽。相比于花的娇嫩，红红的枫叶有一种经得住风浪的老到之美。此外，金色夕阳笼罩下的团状紫薇花、咖啡色水杉也是秋天公园里极好的点缀。

雪后的公园，少了些往日的热闹。没有孩子的追逐打闹，没有大人的来来往往，更没有乐队的吹拉弹唱。我更喜欢此时的公园，因为她似乎只属于我。踩着积雪，听脚下发出的吱吱声响。此时的山水树木，在白雪的映衬下，显得那样俏丽端庄，静若处子。我真的不忍打破这难得的宁静，不忍叫醒这梦中的山水，我只想让她们安静地陪伴在我身旁，美美地享受这静，温婉娴雅的静！欣赏这美，素淡精致的美！

公园里的自然风物在一年四季呈现不同的景致，人工建筑却以不变的风姿在不断地散发着她的文化气息。在公园的最高处，建有一座与灯塔相呼应的古色古香的白莲亭，重檐攒尖顶，流畅的线条带给人自由奔放的动感。相对于儒家崇尚的方正对称的中规中矩的建筑，亭子的曲线结构体现道家对无拘无束的追求，与公园作为人们放飞心灵的休闲之所的精神内核非常吻合。东边有两幅大理石浮雕画，一是中国佛教圣地——庄严的云居山真如禅寺，二是中国第

鸟瞰雪中公园

二长城——浩瀚的鄱阳湖候鸟王国。这两处山水名胜是永修县人文景观与自然景观的代表，连接的是永修的地气，享有的是世界的声誉。所以，她们的名称都被冠以两个响亮的大字——中国。西边镌刻着介绍永修简史和永修历代名人的文字，增进了我对永修历史文化和区域优势的了解。

站在白莲公园高处，向东望去，碧波荡漾的白莲湖尽收眼帘。一座七孔桥将湖面一分为二，似蛟龙卧波。城市的高楼倒影在水中，水在城里，城在水中，亦真亦幻，美妙至极。而当你陶醉的时候，飞快穿梭的列车会把你拉回到喧嚣的现实中来。

东晋简文帝入华林园曾感慨"会心处不必在远"。的确，白莲公园就是这样一个会心之所。她有古老和现代交融的人文美，有本土文化和外来气息碰撞的互补美。多少闲暇的日子，我带着满心的欢喜，把园中所有的小径走上一遍，与这些扎根公园、努力成长的生命进行心灵的对话，与默默守候公园的一草一木分享我无尽的愉悦。

远眺白莲湖

相关链接
书法《海昏八景》①

更多内容，请扫描二维码

①〔海昏八景〕又称修江八景，是古人总结出的建昌八个景致。这八首诗是从明代众多描写海昏八景的诗作中萃选出来的。徐中素，号玉渊，建昌人，曾任兵部主事、山东按察使司兵备佥事、钦差御倭朝鲜东路监军。朱谋𬮱（huán），豫章人，时任中垒校尉。张焕，字子文，继蒲秉权任建昌县令。蒲秉权，字度之，号平若，明朝万历四十二年（1614）中进士，任建昌县令，著有《硕蓢（kē）园集》《披垣（yēyuán）奏议》。汪应娄，字鲁望，新建人，万历三十六年（1608）举人，著有《栖约斋集》。

修水环清

［明］ 徐中素

百里修江一派清，渡头来往任舟行。

寄言白首垂纶者，任钓鲈鱼莫钓名。

柳渡春烟

［明］ 朱谋㙔

夹岸垂杨十里津，烟条露叶似含颦。

牵舟竞折随风去，带得春愁送别人。

莲洲夜月

［明］ 张焕

潋滟芙蓉一水秋，那堪斜月照长洲。

澄波欲散香风起，别作仙娥照影愁。

桂影池亭

[明] 张焕

素王宫外景偏幽，素月清波不断流。

孤影桂花香露湿，一枝谁占广寒秋。

云居拥翠

[明] 蒲秉权

白云不费买山钱，山借云居任往还。

我欲看山云解意，故将山色荡晴烟。

北岩樵唱

[明] 汪应娄

伐木深山不计时，闲来短曲任风吹。

坐看薪樵供人用，担得风云卖与谁。

东郭农耕

〔明〕朱谋㙔

青帘白酒遍田村，野老茅檐醉瓦盆。
齐唱山歌荷锄笠，稻粱秋熟散鸡豚。

桃源石洞

〔明〕蒲秉权

桃源春涨水盈溪，洞口云深径欲迷。
寄语桃花休见妒，吾家原住武陵西。

跋　文

永修古称海昏，山清水秀，以八景为尤。自古妙诗佳句颂之颇多，然以此八首为最。今闻水云居士介荐，如临其境，心旷神怡，故书之。

戊戌冬月于豫章南大南院石禾堂，江上常惟居士沐手书。

故土情怀

恋乡思归，是一种普遍的人文情怀，也是文学史上历久不衰的主题。安土重迁的文化传统，为文人们铸就了故土难离的恋乡情结。选文探寻家族、书院文化的历史渊源，再现故乡昔日的沧桑与繁华，展现一幅幅形象而生动的画面，让读者感受到多样人生经历和多彩地域文化。

大唐皇裔"磨刀李"

陈前金

三溪桥镇横山深处，有一个叫"磨刀"的小山村，风光秀丽，环境优美，是柘林湖畔的一颗璀璨明珠。

关于磨刀村的得名有个传说。相传东晋时期，鄱阳湖大水蛟作怪，连年水灾，当时享有盛誉的道教天师许逊带着徒弟们诛杀水蛟。他铸剑磨刀的地方，后来就叫磨刀村。

据《磨刀李氏大成宗谱》记载，磨刀村的李姓村民是李唐皇族的后裔，"磨刀李"由此得名。其始祖李衟①是唐太宗李世民三儿子吴王李恪第十一世孙，唐昭宗李晔的随侍近臣，官居太子太傅。

李衟担任太子太傅时，大唐王朝已经走向了末路，名存实亡。天祐元年（904）正月，唐昭宗为当时最大的藩镇梁王朱温所控制。朱温杀掉宫里所有宦官，下令彻底毁掉长安的皇宫、百司衙门、宅邸和民舍，强逼唐昭宗及文武百官迁都洛阳。正月十一日，唐昭宗的车驾出发，昭宗夫妇乘一辆辇车逶迤而行。随行的丞相、中书令、各部尚书及王子皇妃等，或轿或马，更多的是步行。昭宗知道此去洛阳凶多吉少，在车驾行至陕西华县驻跸②兴德宫时，屏退左右，只留李衟等几个宗室之臣。他对李衟说："纥干山头冻杀雀，何不飞去生处乐？朕与诸卿，皆李氏血脉，此去洛阳，恐难保全。念大唐列祖列宗之传嗣，卿等

---

① 〔衟（dào）〕古同"道"。

② 〔驻跸（bì）〕帝王出行时沿途停留暂住。

李衢墓

不必随侍，可各自逃生，以保李氏血脉而期来日。"在悲声中，李衢向昭宗辞别，趁乱带领弟弟李术等部分皇室宗亲，携带大唐皇族谱牒，辗转千里，寻找避难之所，最后来到永修横山深处，见此地四面环山，易守难攻，遂定居于此。而在李衢逃亡的那年，唐昭宗及李氏族人被朱温诛杀。

朱温政权覆灭后，"磨刀李"子孙才四处迁徙，开枝散叶。现在有超过百万李姓源自"磨刀李"，遍布世界各地，并出了不少名人，如宋朝李公懋、李燔、李成大，清朝的李凤翥、李凤彩家族，近代的李烈钧，等等。

磨刀村以前有一座祠堂，名衢公祠，又称蟠根祠。祠堂恢宏气派，门楣上镶着的"仙李蟠根"石匾现仍保存在磨刀村。祠堂进深15米，内有戏台、天井、厢房，还有供奉祖先牌位的供堂和家族聚会的厅堂。日军侵华期间，日本兵在祠堂旁边的山上兴建碉堡，把祠堂的木头拆掉当柴火，砖块用来盖碉堡，衢公祠因此被毁。

李衢去世后，家人遵照遗嘱把他安葬在磨刀村的老鼠尾山上。20世纪70年代，因柘林拦坝蓄水，李衢墓被淹。2007年初，鄱阳湖区域遭遇大旱，柘林湖水位大幅下降，李衢墓才重见天日。墓葬十分考究，墓冢呈圆丘形，墓碑由青灰色条石垒成，有石板拼成的宽大祭台。墓前的三块墓碑一字排开，上面碑文因经年水浸，字迹模糊，只有居中一块墓碑上"大唐太子太傅李衢及裴夫人墓"的碑文隐约能辨。李衢墓的重现，为磨刀李氏的由来提供了重要的实物依据。

仙李蟠根

　　清代绘制的《衢祖肇迹磨刀图》明确记载了那时的磨刀村不但有磨刀石，还有磨剑泉、磨剑谷和万福寺。图上还注明了一条"吴楚通衢"，是进出磨刀村的唯一通道。

　　农历九月二十三日是李衢诞辰日。每年这一天，不少外迁族人，会回到磨刀村祭奠老祖宗李衢。这种习俗代代相传，成为当地的千年遗风。

我的先祖"样式雷"

雷章宝

雷发达雕像

我是"样式雷"始祖雷发达第十代孙。父亲雷文骧在世的时候，经常给我讲祖上的事，当时似懂非懂。后来，随凤凰卫视采访拍摄《探访样式雷》，我才对祖上在古建筑方面所做的贡献有了深层的了解。

雷氏自黄帝赐姓，盛于关中。西晋时，始祖景阔焕公任南昌郡丰城令，一心为民，被誉为南昌名宦授祠匾，并冠以"雷府丞相"之名。后经世代繁衍，雷姓分散于鄱阳湖西岸一带。我祖支系源自江西南康府建昌县千秋岗，是鄱阳名门望族宦儒之家，子孙当中有一支改行从事建筑行业。

我祖雷发达在永修练就一身绝佳木工本领后，供役于宫廷。当年重修太和殿上梁时，雷发达高超的工艺得到了皇帝的褒奖，当场授予工部营造所长班①。

康熙二十二年（1683），雷发达长子雷金玉24岁，来京随父学艺，在父亲的严加管教下，学得一身超群的手艺。雷发达去世后，他便投身包衣旗，袭父工部营造所长班之职。在康熙修建畅春园时，他领楠木作②工程，因对九经三

---

① 〔长班（zhǎngbān）〕明清时期，分别在工部营缮清吏司下设营造科、内务府钦工处设营造所，均负责建筑工程，负责人称长班。

② 〔楠木作〕储备、管理楠木的工程负责人员。

颐和园

事殿上梁有功，受康熙帝召见，并赐内务府总理钦工处长班的职务，赏七品官，食七品俸。在他70寿辰时，因对圆明园设计施工中做出了重大贡献，雍正帝命弘历赐"古稀"二字匾额。

雷金玉去世后，其他妻儿随其灵柩回金陵，张夫人和雷声澂执意留在京师。为了不让家族事业夭折，张夫人抱着幼小的声澂到工部据理力争，工部才答应雷声澂成年之后，继任掌案职位。在母亲的谆谆教导下，雷声澂刻苦学艺，奋发向上。成年时，"样式房"掌案职位重归雷氏家族。为了纪念张夫人，雷氏后人在同治二年（1863）为她立下了德政碑。

雷家玮、雷家玺、雷家瑞是雷声澂的三个儿子。当他们成年时，正值乾隆盛世，朝廷大修圆明园、绮春园、畅春园。三兄弟通力合作，大显身手。三园大部分经他们设计和建造完工，使祖业再放光芒。雷家玺是兄弟中的佼佼者。乾隆五十七年（1792），他承造了万寿山、玉泉山、香山园林、热河避暑山庄、昌陵等工程，主持宫中年例灯彩、西厂焰火、乾隆八十大寿典景楼台、南苑大修。同时，兄弟三人合作完成乾隆花园装修等工程，使雷氏家族享誉京都，盛绝一时。

雷家玺的三儿子景修16岁就随父在样式房学习祖传技艺。其父去世时，

烫样

他年仅 22 岁。因担心儿子年轻难当重任，父亲遗言将掌案之职暂交伙伴郭九。道光二十九年（1849），雷景修终以精湛技艺和高尚品德，重掌样式房。

雷思起是雷景修的三儿子。在承担咸丰陵寝定陵的设计建造任务中，他因技艺纯熟，立了大功，获监生、赏盐大使衔。同治十三年（1874）重修圆明园，他与长子雷廷昌，因进呈所设计的园庭工程图样蒙皇帝召见五次。

雷廷昌随父参加定陵和圆明园等工程的设计建造后，又承担了同治皇帝的惠陵、慈安太后陵、慈禧太后陵、光绪皇帝崇陵等的设计建造工作。光绪三年（1877），因惠陵金券合拢和隆恩殿上梁有功，得以候选大理寺丞赏加员外郎衔。他还为祖父母、父母捐请了二品封典。尔后他们设计的三海工程、万寿山庆典工程，构思精奇、美轮美奂，使样式房大放异彩。"样式雷"因雷思起和雷廷昌父子两代的作为，为世人瞩目。

自雷发达始，雷氏家族主持清代宫廷建筑、皇家园林、历朝庆典等，以及清东西陵和王爷府第、衙门、坛庙、城楼背房、桥梁堤工，还有陈设家具、御窑绘样、瓷砖、瓷器、宫廷服饰、舆图等方面的设计和营造，历时二百余年，所取得的卓越成就，举世罕见。

"样式雷"的图品有严格的制作流程，形式多样。这些图样模型等原由样

故 宫

圆明园

式房保存，存于今圆明园东北角。咸丰十年（1860）庚申之役，英法联军火烧圆明园，因为样式房地处偏僻，未被殃及。雷景修冒死把这些图纸烫样秘密运至海淀宅院。为了更安全妥善地保护这些图档，后又偷运至西直门内东观音寺和阜成门内水车胡同雷宅。

目前，"样式雷"图档在国内各大图书馆、博物馆存有两万多件。这些资料对于中国乃至世界的建筑学和建筑史研究具有重大意义。

雷景修在北京巨山村修造了祖坟，占地 195 亩，整个墓地像一艘大船。南、西、北三面环水，东面是开阔的田野，有一土堆，象征船桅。在西面水渠旁立有一个一米高的石柱，象征船桩。头顶八大处，尾指玉泉山。寓意是雷氏家人去世后，其灵魂可以乘这条船回到江西永修老家去。

"样式雷"故里——永修新庄雷村

修江书院

陈光来

李燔画像

提及修江书院，人们自然会想起南宋时期大教育家李燔[①]。

李燔生于建昌"磨刀李"，自幼丧父，随舅父在艾城西门读书，16岁受教于朱熹。李燔中进士后，一度放弃自己的官职，跟随朱熹读书、教学，成为其得意门生。朱熹曾说，日后能传我道者，必李燔也。

宋淳熙五年（1178），朱熹在南康军任上，重兴了庐山白鹿洞书院。李燔受老师影响，也在南康军城（今庐山市）创建了修江书院，招收建昌等地学子入院读书。他在修江书院的教学内容和方法与朱熹兴复的白鹿洞书院是一脉相承的。后来，修江书院毁于战火，其规模和建筑风格已无从考证。

李燔创建的书院，远不止修江书院，还有白石书院、竹梧书院等。更重要的是，李燔的思想和教学影响了一大批书院，包括白鹿洞书院。后人认为白鹿洞书院之所以成为天下书院之首，与李燔是密不可分的。

---

①〔李燔（fán）〕（1163—1232）字敬子，号弘斋，南宋时"磨刀李"人，理学家、教育家。

李燔的教育思想和实践对后世影响巨大。在他去世 500 多年后，建昌知县邱元遂决定在县治（今永修艾城镇）西鹤鸣山重建修江书院，并带头捐薪。倡议一提出，便得到广泛响应。当时，县籍人士力赞其举。由贡生刘爵士牵头，纳金捐田，乐输不倦。一时间便筹得白银 2000 余两、田地 2.4 公顷，并由武

修江书院图

举吕文蔚督造。至今我们仍可以想象出当年重建修江书院时，那种争先恐后支持教育的热闹场面。

修江书院重建历时一年半。相传，书院建筑规模宏大，设施齐全。建堂三进，建庑①十六区，又建外厢七间，并且桌几床榻，厨房浴室，莫不毕具。其间走廊曲折，玉砌雕栏，清静幽雅，堪称诵经读史之佳境。书院门前建有曲桥凉亭，名曰：登云桥。桥似弓月，其上有双层飞檐小亭。书院内外遍植桂花树，寓意读书人蟾宫折桂。不远处还有一座桂影亭，供学子们读书休息娱乐。

书院东侧有一个湖池，湖里种藕养鱼。到了夏秋之季，莲饱菱实，常有采菱小舟出没其间，悠扬的歌声此起彼伏。每当夕阳西下或月亮升起时，湖水清清，波光粼粼，"月夕桂影倒映，恍为月中树耳"，被称之为桂影池亭，成为"海昏八景"之一。这里留下了许多脍炙人口的诗文，其中有诗云：

> 秋吐连蜷桂一林，泮池②金粟③影香沉。
> 仙娥若许凌波摘，碧海琼宫无限心。

---

① 〔庑（wǔ）〕堂下周围的走廊、廊屋。

② 〔泮（pàn）池〕指书院前的水池。

③ 〔金粟〕桂花的别名。

由于修江书院的历史地位和人们对教育的重视，那次修建捐款超出了书院建设所需。于是，又将所剩善款建造了一座文昌阁。文昌阁壮观而典雅，是书院的一个地标性建筑。同时，添置学田，以作为办学基金。整座修江书院落成后，成为当时建昌最大的学府，闻名遐迩，使当地文风日盛。

那时的书院通常由当地有名望的学者主持，称之为掌教。学习以个人专研为主，掌教负责释疑解惑和专题教授，师生之间关系融洽。学习内容以经义为主，兼学时文、制艺等。发展到后期辅以史学、舆地、算术、金石等科目。生员在书院学习，每月都有定额资助，即膏火，相当于现在的助学金。这些经费大都来源于书院创建者和地方长官、士绅的捐助以及学田的收入。可见当时整个社会兴学重教风气之浓厚。

修江书院经历几百年风雨沧桑，培养了一批批人才，在永修的教育史上发挥了巨大作用。在其影响下，建昌创办了许多书院，其中最著名的是弘斋书院。"弘斋"取自朱熹以曾子"致远固以毅，而任重贵乎弘也"授予李燔而得名。

仿建的修江书院（1）

仿建的修江书院（2）

清光绪三十一年（1905），科举制度废除了。修江书院先改为高等小学堂，后又改为永修县立第一高等小学。随后在艾城周边，开办东区、西区、北区、南区四所初等小学。与此同时，乡村民办学堂也相继兴起。虽然这些学堂与修江书院已不是同一个概念，但它们的兴起与书院不能不说有着一种前世今生的情缘。

沧海桑田，斗转星移。虽然修江书院的建筑现已荡然无存，甚至当年"海昏八景"之一的"桂影池亭"美景，也只留在了古人的诗文里，但可喜的是，如今在修江书院的遗址附近兴建了艾城中学。当面对一座座现代化的教学大楼拔地而起，听到里面传来学子琅琅的读书声时，似乎还可以感受到当年风雨中修江书院的气息，或许油然想起几百年前那位继承了朱熹衣钵、桃李满天下的李燔。

艾城访古

涂家凰

秋日，落叶飘零，菊花独放。我沿着艾城修河大堤西行，一路品读历史，倾听故事，感受修江风情，开启了一次访古之旅。

艾城历史悠久，最早只是个驿站。南朝宋元嘉二年（425）"废海昏，移建

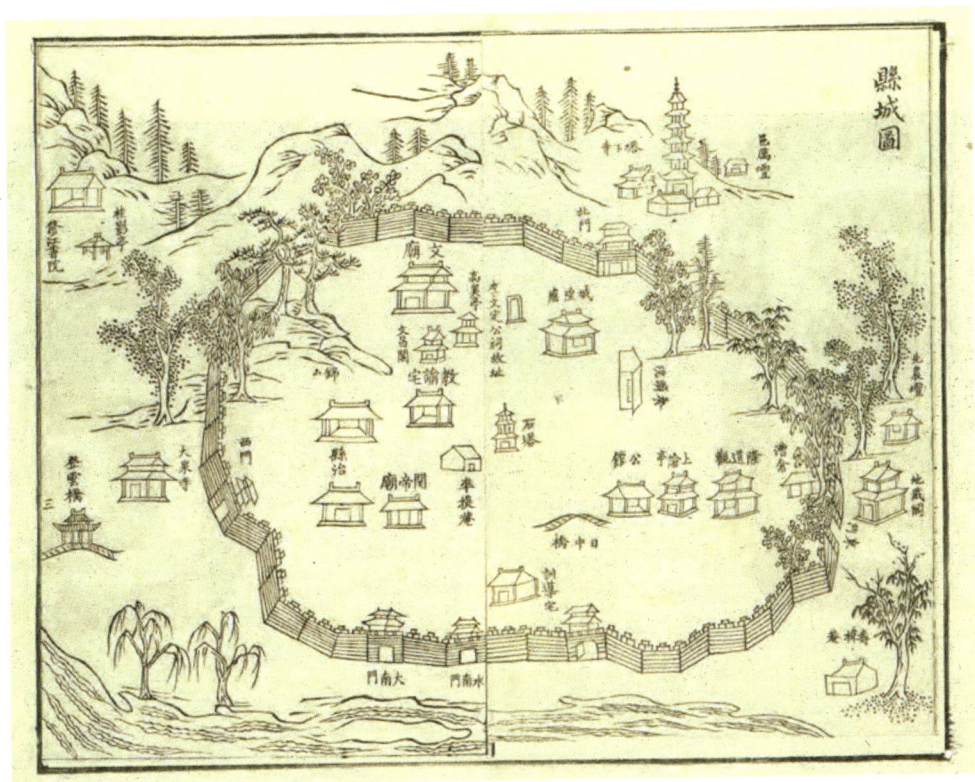

古艾城图

昌居焉"，建昌县署迁移到艾城。民国三年（1914），因与四川建昌道、辽宁建昌县同名，所以又更名为永修，延续至今。艾城很长时期都是建昌、永修的县治，新中国成立前夕，县城才迁至涂家埠。

行走到通往艾城正街的小路附近，走下圩堤，我向西望去，堤边是一片农家菜园和荒地。见菜地有位耄耋老人，便上前问询，得知老人姓张，生于1933年。他指着眼前的一片菜园告诉我："艾城，俗称艾城街，是个老县城。可惜现在再也找不到一栋像样的老房子了。"说完，他连连摇头，惋惜不已。

我开始寻找古城的印记，发现菜园旁有一栋低矮、破旧的房子，墙面上间杂着斑驳的红石砖。张大爷告诉我，小时候就听大人说，这些砖是从当年艾城县衙和街上那些废弃的房子上拆下来的。至今，附近还有好几栋这样的房子。

我拿出手机，不时地拍摄起来，只见红石砖上花纹图案斑驳不清，满是沧桑。沿着菜园我转悠了一圈，发现到处是残垣断壁，包括垒起来的篱笆，茅房边还有很多麻石条、红石条，偶尔可见红石墩、麻石墩……回眸历史，我不禁震惊，强烈地感受到那荒芜的遗迹好像在向人们诉说着什么。

古民居

古艾，环城一周共七里，城门七座，四大三小。东有朝阳门，西有仰止门，南有阜财门，北有拱辰门。另外，靠南城的有小南门、水南门，靠北城的叫小北门。

古艾城名胜古迹很多，有名贤坊、贞节坊等牌坊，还有锦衣坊遗址以及不少古墓和建筑。遗憾的是，大量古迹清末时多半湮废。1938年10月，日军入侵，大肆纵火焚烧，城内百分之九十的古建筑付之一炬，千年古城从此毁于一旦。

在老人陪同下，我们继续前行，只见路边一根电线杆上标示着"艾城中街线14号"。老人告诉我："这里的'中街'，过去叫'中堡街'。"

从中街出来，便到了主街。老人自豪地说："这里过去可是建昌县县衙。"

昔日的艾城主街，气势恢宏，自西门城外的登云桥起，进入仰止门，贯穿朝阳门，可谓是五里穿心。主街分段命名，靠县衙以西为西大街；靠县衙以东叫中堡街；自圣殿巷至矮塔巷为正街；矮塔巷以下至中桥为桥上街；此下一直至朝阳门，叫东门街。除主街外，尚有西门外街、南门街、南门外街、北门街四条短街。这些长短街上有商业店铺八百余家。如此宏大的布局规模，折射出当时的空前繁华。

从圣殿巷路往西行，不久便到了西门口，可见一座"陈步云妻王氏节坊"。遗憾的是，再也找不到昔日的登云桥。眼前的西门外是一片丘陵地带，山湖相间，林木葱郁，绿草如茵。不远处，有修江书院遗址，其南面是"桂影池亭"，即"海昏八景"之一，是个读书的好地方。昔日的风貌现已荡然无存，留下的只是一些残砖碎片。城外还有茅栗岗遗址（商周）、戴家山遗址（商周）。在其境内出土的沉睡了数千年的石器、陶器、六朝青瓷，以及国家珍贵文物唐三彩，见证着古艾文化的悠久与厚重。

自古以来，艾城景致非凡，景点甚多。海昏八景，大多在艾城附近，东有"东郭农耕"，北有"北岩樵唱"，西有"桂影池亭"，南有"修水环清""柳渡春烟""莲洲夜月"。

由西门口转身，至圣殿路，见大果寺赫然眼前。旧时，艾城庙宇祠堂众多，除了大果寺外，在附近凤栖山山麓有同安寺，创建于唐中和年间（881—884），为江南名刹之一。"佛门诗史"李彭，曾题诗同安寺。清代数部《建昌县志》均将其列为县内佛教丛林之一。抗日战争期间遭日寇炮火轰炸，"十年动乱"中再度被摧毁。

千百年来，且不说建昌县令庾肩吾《过建昌故台》的追思怀古，诗人吴筠与友人吟哦的赏景泛舟，"诗魔"白居易在"唤渡亭"留下的千古一唱，大学士苏轼在农家留下味美鲜嫩的"东坡肉"，还有徐中素、蒲秉权等诗人留下歌咏"海昏八景"的华美篇章，单是近现代史上发生在这里的张朝燮、王经燕、王环心和淦克群等先烈的革命故事，以及抗击日寇的修河保卫战，就感动和激励着无数后人。

我久久伫立在堤岸，深情感受修江跳动的脉搏。凝望艾城这座千年古城，心中百感交集。尽管有太多的失落和遗憾，但可喜的是如今艾城作为一座新兴的现代化工业集镇，她正以新的姿态傲立于修河之畔，相信一切失去将会以另一种形式重生。

艾城境内的星火工业园

江右名镇吴城

张 岭

　　吴城位于江西北部，地处江西五大水系交汇处，天时、地利、人和汇聚一体，使吴城镇与景德镇、樟树镇、河口镇并称"江西四大名镇"。如今，它不仅是座充满活力的特色小镇，更是江西商贸的一个缩影。据《日录杂说》记载："江东称江左，江西称江右。盖自江北视之，江东在左，江西在右。"故古代江

吉安会馆

西商人习称江右商帮。它是明清十大商帮中很有影响力的一个帮派，其财力和能量仅次于晋商和徽商，居全国第三位，有"无赣不成商"之称。江右商帮在中国商业史上兴旺了600多年，后逐渐发展成为今天的赣商。无论是昔日的江右商帮，还是今日的赣商，都与永修吴城镇有着千丝万缕的关联。

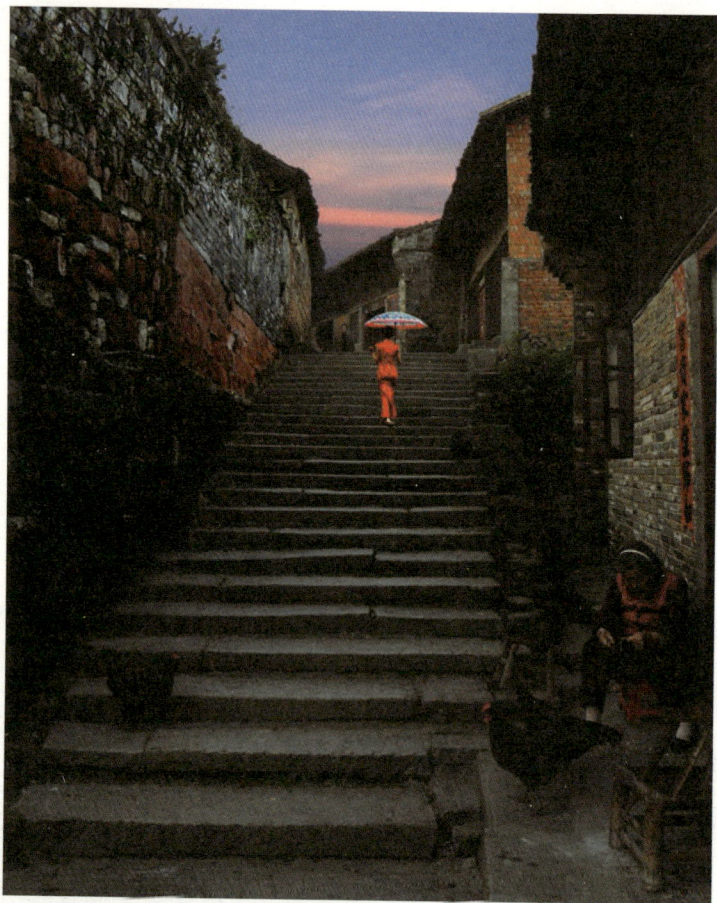

十八坡

吴城初名吴山，汉时属海昏县。三国时东吴大将太史慈于此筑城驻军，因而得名。南朝宋元嘉二年（425），因大地震，海昏县城沉没于鄱阳湖底，居民大多迁往吴城，吴城人口剧增，商业日渐繁荣。吴城自此兴起，逐步发展成一座商贸兴隆、经济繁荣的商埠。

古镇吴城因水而兴，因商而盛。自汉晋以来，商业贸易开始萌芽。南宋时期，随着全国经济重心进一步南移，吴城迎来了发展的绝好时机，商埠兴盛，客货运量迅猛增加，成为江西水运枢纽和商品贸易集散地。明清以来，吴城商业经济发展达到鼎盛，进出江西的大批商货都在吴城转输，经济地位可与南昌相提并论，有"西江巨镇"之称。晚清洋货输入，凡江汉之间需用洋货海味者都依靠广东提供，其输入输出之道，多取径江西，货物中转，以吴城为中心。"每

西昌大观

值粮船、货物起运，吴城帆樯蔽江，于日夜不绝。"吴城商贸可谓极盛。

吴城濒江而瞰湖，凡商船从南昌而下，由湖口而上，道路所取，必经吴城，形成了"由吴城而出口，至吴城而戛存"的局面。发达的商运给吴城带来了空前的繁荣。街区形成"一镇六坊八码头九垅十八巷"的格局。据《永修县志》记载：吴城"出入鄱湖者，酬赛①鳞集，商贾辐辏②，市廛③紊叠，几无隙地"，成为"舳舻十里④，烟火万家"的江南巨镇和南北交通之枢纽、物流聚散之中心。其口岸转输功能已超过省府南昌，享有"装不尽的吴城，卸不完的汉口"之赞誉。

江湖行客作别壮阔的万里长江，再横穿烟波浩渺的八百里鄱湖，吴城便是他们理想的栖息地。为适应集会、寄寓、生意洽谈，各地的船帮会馆应运而生，

---

① 〔酬赛〕祭祀酬神。

② 〔辐辏（fú còu）〕形容人或物聚集像车辐集中于车毂一样。也作辐凑。

③ 〔廛（chán）〕市中店铺。

④ 〔舳舻（zhú lú）十里〕形容船与船头尾相接长达十里，船舶数量多而密。

鼎盛时多达48处。其中较有名气的有全楚会馆、山西会馆、广东会馆、浙宁会馆、徽州会馆、吉安会馆、江西会馆等。这些会馆规模巨大，并富有各自的建筑风格和特色。每当夜幕降临，镇上戏园人头攒动，酒肆觥筹交错，赌场灯火通明，旅舍欢声笑语，吴城成为喧闹的"不夜城"。

吴城不仅是一座商贸古镇，也是一座文化古镇。随着各地会馆的建立，相应形成会馆文化。徽州会馆敬拜朱熹，福建、山西会馆供奉天后娘娘和关羽神像，每逢他们生辰时，馆内就张灯结彩，灯火通明，烟香袅绕，大祭和大宴数天，有时还会唱几天大戏，鼓乐喧天，热闹非凡。这些异地风俗民情也极大地丰富了吴城的本土文化。庙会文化是吴城文化的又一大特色，全镇有寺庙50余座，如万寿宫、睢阳庙、聂公庙、武显庙、令公庙等。虽然绝大多数寺庙早已不存，但其流传下来的拜菩萨、游神、送花船、八月朝香等活动依旧为人们所传承。

随着近代公路、铁路的发展，特别是大批商货改道运输走南浔铁路，吴城商贸便逐步衰弱，正所谓"兴于水运，亦衰于水运"。加上日寇侵华，古镇沦陷，战火使繁华市井沦为废墟，多数会馆毁于战火，古镇遭此劫难，往日雄风不再。

吴城，一座因商而兴的千年古镇。不管是它繁荣的商贸，抑或是它灿烂

吴城水运

的文化，都使世代吴城人引以为豪。"章江门外娄妃墓，江流表节千古传。"登上望湖亭，娄妃和陈王的故事早已落幕。极目望去，一汪湖水倾诉着这个古镇的传说。"理学名臣"是吉安会馆门额上四个大字，相传是明朝才子解缙为纪念民族英雄文天祥所书。无论走到哪里，都能感受到它深厚的历史底蕴和人文气息。传承商贸文化的古会馆，寄托爱恨离愁的望夫亭，见证商会繁华的老街，无不镌刻着一道道斑驳的印记，诉说着古镇的沧桑与厚重。

行走在这座宁静祥和的小镇，随时可以邂逅一段珍贵的历史。那散落于镇上的有些落寞和沉寂的人文遗产，更让人感受到这千年古镇独特的魅力。

鄱阳湖

岁月沧桑话农垦

李甫燕　陈乃庄

　　1957 年 12 月，中共江西省委决定由省直机关干部、退伍转业军官共 1700 余人组成农垦大军，分赴云山、井冈山、大茅山等地，在沉睡了千年的荒山野岭开始了开发山区、建设山区的创业之旅。

　　这批人和随后下放的干部有个专门的称呼，叫作"五七五八下放干部"。其中一支小分队顺着南浔铁路来到永修，在军山杜头湖畔九里桥一带安营扎寨，拓荒开垦，建立"江益垦殖场"，不久改名为"军山垦殖场"。后来，省政府考虑到军山垦殖场与云山垦殖场同属省辖，彼此相邻，就把军山与云山合并，成立"江西省国营云山综合垦殖场"，军山改为分场。另外成立了城山种猪场（八角岭垦殖场）、松山分场（沙丰分场）、凤凰山分场、燕山分场等下属单位。

　　1958 年除夕，江西省省长邵式平专程赶到军山与农垦战士一起过年。邵省长对战士们说："开荒垦田，植树筑路，是造福子孙后代的伟大事业。我们要听从党和人民的召唤，发扬当年南泥湾精神，把社

农垦大军

奖 状

会主义新山区建设好！"邵省长的指示，恰似赣鄱大地的一声春雷，江西农垦从此迎来了万紫千红的春天。

经江西省劳动厅协调，起初从扬州市、上海市招入了一批知识青年，之后又接受了大批来自安徽、河南、江苏、浙江、湖南等地的外来人口，江西农垦的规模迅速壮大。

云山、恒丰等垦殖场在创建之初，条件极其艰苦，衣食住行无不考验着农垦人的意志。在荒山野岭、湖滨滩涂，"天为帐，地作床，揪把艾蒿作蚊香"是他们夜晚休息时的真实写照。为了建造一个遮风挡雨的小巢，他们因地制宜，就地取材，利用当地的竹木资源，搭成了一排排竹筋织壁、杉皮封顶的简易住房。利用脚下的黄土，挖松、浇湿、踩黏，切成一块块土坯，垒成墙壁，用芭茅盖顶。一间间散发着泥土味的草屋，就这样盖起来了。即使在这样一间十几平方米的草屋里，也要搭四张床，挤四户职工，蚊帐内就是他们每个家庭生活的小天地。

一些外来的知青吃不惯当地的蔬菜，于是他们纷纷从原籍带来了许多菜种栽种。仅以松山分场易家河竹木二营为例，他们在修河边开垦了大片荒地，种上了菠菜、茼蒿、芫荽、冬苋菜等。到了收获的季节，满园子的蔬菜绿叶青枝，吸引了许多人前来参观讨教。

垦区以红壤为主，天晴硬似铜，

邵式平题词

下雨一泡脓。有一首山歌这样描绘：

> 当年八角岭，黄土路不平。
>
> 老天落场雨，一扭一滑，脚古里抽了筋。
>
> 屋里苍蝇嗡嗡叫，田里蚂蟥叮。
>
> 要想喝口干净水，淀了半天也没清。

歌词反映了当时路难走、水难喝的真实情况。然而，这一切并没有动摇农垦人开发山区、建设山区的初心。尽管当时的农垦人一无所有，但他们谨记毛主席的教导："一张白纸，好写最新最美的文字，好画最新最美的画图。"

1960年初，军山分场率先发展起来，工业从无到有。先建起了饮料厂，后改建为造纸厂，接着创办了毛纺厂、纸箱厂、农机厂、粮油加工厂等。尤其是军山毛纺厂发展很快，相当长一段时期，是永修的纳税和利润上缴大户。后来，造纸厂发展迅猛，几年间，与毛纺厂并驾齐驱，成为云山垦殖场内经营规模最大的企业。与此同时，其他各分场也不甘示弱，他们发扬自力更生、艰苦奋斗的精神，开荒造田，烧砖打瓦，凭着理想和信念、激情和热血，披荆斩棘，克服艰难险阻，在一片荒无人烟的土地上，建起了一座新的集镇。医院、学校、银行、邮局、饭店等如雨后春笋般拔地而起，农工商医学贸一应俱全。

昔日黄土岭变成了绿树掩映的花果山，当年的荒地沙洲变成了果蔬飘香的聚宝盆。为此，云山垦殖场荣获了由周恩来总理签署的国务院嘉奖令，被国务院授予"农业社会主义建设先进单位"光荣称号。朱德、王震、萧克、谭震林、康克清等老一辈无产阶级革命家先后来垦殖场视察，对仅凭双手在短时间内从荒山野岭中崛起、为国家做出巨大贡献的农垦人，给予了高度肯定。

20世纪末，云山垦殖场重新组建为企业集团，工业企业实现了市场化转型，如今开发区内厂房林立，绿色农业、特色养殖等新型产业异军突起，军山油茶果实累累，燕山甲鱼闻名遐迩，凤凰桃林游人如织……农垦人过上了好日子，一座座新村像一颗颗璀璨的明珠镶嵌在红土地上，一幢幢新楼在山坡旁拔地而起，到处回荡着盛世欢歌，呈现出富裕繁荣景象。

云山新貌

　　六十多年过去了，几代农垦人艰苦创业，无私奉献，开拓创新，在这片红色热土上，洒下了太多的热血和汗水，这里已成为他们一生最为难忘的地方。如今，有一首歌曲《云山的故事》，真实记录了农垦人那段激情燃烧的岁月：

　　　　青山记得，将士的脚印踏遍了湖泽山岗。
　　　　白云记得，知青的汗水如雨般飘洒飞扬。
　　　　抖落身上的硝烟，开辟垦荒的战场。
　　　　告别喧嚣繁华的都市，来到荒无人烟的地方。
　　　　⋯⋯⋯⋯⋯⋯

　　　　爱是一团火，情是一首歌。
　　　　贫瘠的土地，建设成美丽的农场。
　　　　爱是一团火，情是一首歌。
　　　　云山的故事还在续唱，
　　　　不变的旗帜永远在心中飘扬。

相关链接
图书《追故乡的人》

更多内容，请扫描二维码

　　永修籍作家熊培云出版的《追故乡的人》，是一部关于故乡的图文集。

　　该书收集的百幅照片，均为作者所摄，呈现了乡村的日常生活，记录对似水年华的追忆，更是对最为本质的故乡的追寻。一片草坡，一截石碑，一处天井，一个石磨……都寄托了作者的乡愁，折射了作者的探寻。

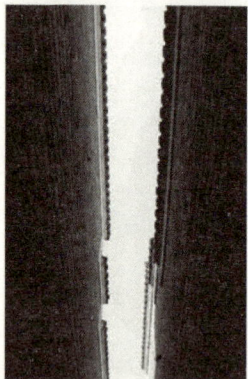

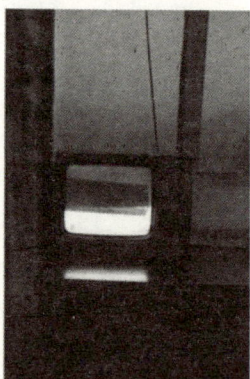

一个人只有离开故土，才能茁壮成长

熊培云

乡村的许多老物件都消失了。我常常会怀念一些东西，比如水车。不过现在已经很难找到实物了。小时候我曾经亲眼看见大人们如何借着水车将一个池塘的水抽干。我不得不佩服中国古人的机巧。

一个冬日，我在老村子的西北边看见从前的一个碾槽。小时候我总到这里来玩。它紧贴着地面，由若干凿成 U 字形的麻石拼成一个规整的圆形。在我的记忆中，这里除了碾槽，原本还有圆形的碾盘、凸形的碾桩和 A 字形的碾架，如今它们早已不知去向。而用来拉碾子的牛，在村子里也已经绝迹，取而代之的是各种机器。

我不知道这个碾槽始建于何年何月。随着村庄的荒芜与部分传统生活的废弃，它渐渐失去了现实意义。我看着它，就像看一头死去了的恐龙，所有的肉都已经化作尘土，只剩下一个空空如也的骨架子。

而我童年时期的很多记忆都与此有关。印象最深的是在寒冬腊月，选个晴好的日子，各家各户为了做冻米糖，会先用木甑蒸上一甑的糯米。孩子们早早守在饭甑边上，那热气腾腾的糯米饭，总会给人一种跃跃欲吃的喜悦与冲动。由于时近过年，大人们通常也会大大方方地从木甑里抓出几把糯米饭，逐一分给每个孩子。孩子们接着后，会迅速地把它捏紧，并在两手间颠来颠去，不时咬上一口。虽然那只是光秃秃的一点米饭，但它软乎乎、香喷喷，已经是天底下最好的美味了。待这些糯米蒸熟后，让它冷却一个晚上，再在和暖冬日下晒上一两天，直到糯米晒干水分为止。主人把它运到这里，倒进碾槽内，然后由牛拉着碾架转动，目的是让碾盘将晒干的糯米碾扁，这样做出来的冻米糖才好吃。

因为天天在一起玩，又是住在一个村庄，孩子们有时就能像糯米饭团一样紧紧捏在一起。记得有一次和邻村的孩子们打架，双方互掷石子，我们村的孩子们就是死守在这个石碾子周围，俨然是一支"糯米军团"。

来自外部的压迫会令人团结，但这团结并不持久，等待每个孩子的是更真实的生活。虽然长在同一个小村子，但绝大多数人都被迫卷入城市化的绵延宿命。还未真正长大成人，我们便以各自的方式陆续离开这片故土，从此星散天涯，四海为家。

遗憾吗？也许有，也许未必。李安的电影《比利·林恩的中场战事》里有这样一句话——"一个人只有离开故土，才能茁壮成长。"这应该也是李安的心声吧。李安的父亲逃往台湾前，就住在我家三十公里开外的德安。而李安后来也去了美国发展。

活在故乡，你可能只是一个盆栽。为此，你必须不断地出走，经历一次次换盆，直到真正找到能够容纳你浩瀚生命的土地，能够属于并见证你勇敢的战场。

　　永修历史悠久，非物质文化遗产丰富。永修丫丫戏、马口杨氏弹棉、吴城排工号子、艾城建昌锣鼓等被列入国家、省、市级非遗名录，它们是民族文化中的瑰宝。永修民俗风情浓郁，方言文化、饮食文化独具特色，这些极大地充实了我们的文化内涵。

丫 丫 戏

张 欣

　　永修丫丫戏，民间称为"丫戏子"。它是在本地民歌与外来戏种相互融合的基础上，形成的具有地方特色的剧种，包括滩溪丫丫戏和吴城丫丫戏。2014年，丫丫戏被列入第四批国家级非物质文化遗产名录。

丫丫戏剧照

　　丫丫戏发源于滩溪一带。明朝万历年间，当地连年遭遇水灾，民不聊生，百姓只得背井离乡，沿途乞讨。为充饥糊口，大人便叫唤丫头卖唱。她们使出浑身解数，以永修方言和着印象中的北调（武宁采茶戏）、南调（新建采茶戏）、湖调（靖安采茶戏）等戏剧灵活地说唱，夹杂平日脱口而吟的山歌、小调、童谣等永修民歌，伴着随身携带的锅碗瓢盆奏乐而唱，久而久之，形成了一种雅俗交融、婉转凄美的特色曲调。灾后返乡，日子渐丰，由丫头们凑成一个戏班，每逢"吃新"、做寿、乔迁、婚娶、春节、元宵、端午等喜庆节日，在本地搭台演出。起初只是自娱自乐，凡遇传统节日或红白喜事，便请丫丫戏班在祠堂、土坪演出，大都要唱闹三天三夜方罢。这种乡土文化，深受百姓喜爱。随着影响的扩大和文化的熏染，艾城、虹津、吴城均先后组建此类戏班。到了清朝中期，丫丫戏已逐步成熟，流行开来，并开始接受邻县安义、新建、靖安等地邀约演出。

丫丫戏兴盛于吴城。当时，大批外地商客云集于此，本地商会为款待外来商人，便召集乡民班社进行表演。班社在原有板凳戏坐唱的基础上，通过吸收和改良，融入本土的俚歌俗曲、灯彩民歌，渗入简易化妆、服饰及动作表演，形成了吴城丫丫戏。吴城丫丫戏早先没有女演员，所有角色都由男演员扮演。男童扮旦角，饰丫丫发髻，作娇娥之态，演唱成曲。有了自我特色后，吴城的戏班如雨后春笋，活跃在当地的各大商行、茶行、会馆。戏班精湛的表演，带给观众雅俗共赏的情趣，极大地丰富了商人们的休闲娱乐生活，有力地助推了古镇商贸的繁荣。

丫丫戏不用管弦伴奏，保留了只用锣鼓助节清唱的原生态风貌，所以在戏行里大家都有"一个锣鼓半台戏"的说法。

丫丫戏的唱腔较为丰富，有平词、叹板、悲板、摇板、快板、还魂板和花腔等。八个行当分别为大王（大花）、小丑（小子）、白须（老生）、青须（正生）、上首生（小生）、上首旦（青衣）、小姐（花旦）、丫鬟（小旦）和婆旦。乐队有司鼓、小锣、大锣、大钹①者各一人。舞台语言用本地方言土语，具有浓郁的地方色彩。

村头演出

---

①〔钹（bó）〕铜质圆形的打击乐器。

丫丫戏的正本剧目很多，经整理后，目前保留有《绣鞋记》《百花亭》《方卿拜寿》《琵琶记》《三女图》《大清官》《三宝记》《界石钟》《七层楼》《桃花岭》《瞎子算命》《撇芥菜》《花子闹府》等60余本。

经过多元文化的融合，丫丫戏自成一体，形成了以下表演特色：

其一，戏台挂剑。搭戏台很有讲究，一般要视年度风水方向而搭，如是东南向，戏台就必须朝东或朝南。戏台搭好后，由小丑将宝剑挂在戏台左上方的柱子上，以示镇煞。

其二，手指化妆。演员化妆前，首先由小丑端碗水，用左手中指（因为右手沾过脏物，左手相对干净，这是表示对观众的尊重）蘸上水书写"开台大吉"四个字后，演员才可化妆。

其三，小丑主局。其由来说法不一，据民间盛传，乾隆皇帝下江南，在建昌县看丫丫戏，有一场戏小丑一角因故未到，大家很是扫兴。为了救场，乾隆扮作小丑，亲自登台将戏演完。从此，小丑在戏班里最有地位，吃饭时要安排上座，演出时待他发话才能开演。小丑向台下洒水，口唱吉词，四方跪拜，以求神灵保佑。此时，观众会把赏钱纷纷掷向戏台。

其四，包公亮相。谢幕时"包公"绕台一周作为压轴，以示压邪保平安。意在告诉观众，今天有包公在此，大家就平安了。如果在庙里、祠堂演戏，就要点到八仙，即由扮演八仙的演员演出前过场亮相，叫"摆八仙"，以示压邪。

丫丫戏根植于鄱湖西岸，在永修这块热土上生生不息。如今，永修丫丫戏妇孺皆知，在全县城乡已经形成了蓬勃热潮。遍地开花的丫丫戏剧团，长年活跃在田间地头、街头巷尾，极大丰富了广大群众的业余文化生活，成为坚守乡土文化阵地与传承发展优秀民间艺术的一支生力军。永修丫丫戏这一传统剧种，正以其独特的艺术魅力在古老的土地上焕发出勃勃生机。

杨氏弹棉

杨　帆

弹棉，又称弹棉花、弹棉絮，是一门传统的谋生手艺。永修弹棉始于清康熙年间，代代相传，遍布以马口化里杨村为中心的七个杨姓村庄，其经营地点遍及永修、南昌等地，尤以南昌最多。《南昌商会志》记载："南昌的弹棉业，只有永修杨姓人才能做。"

手工弹棉

相传，先前在南昌从事弹棉的人员姓氏庞杂，大家都想独占南昌的弹棉市场，因此当时人们想出了一个"穿铁鞋"的办法：制作出一双铁鞋子，用火把它烤红，敢穿的人就可以独霸这一带弹棉市场。规则一制定，人人望而生畏。一个叫杨一庆的永修人，毅然穿上了这双鞋。从此，永修杨氏弹棉在南昌确立了其正统地位，并在南昌万寿宫附近形成了一条棉花街。至今在永修马口三甲的祖庙内，仍供奉着他的雕像。当然，传说归传说，真正让杨氏弹棉扬名的，还是它精湛的技艺和诚信为本的理念。

早期弹棉使用的工具很简单，主要有木质弹弓（上面绷着一根牛筋做的弦，当地称作"扃"①）、磨盘、竹尺、木槌。据元朝王祯的《农书》记载："木

---

① 〔扃〕读 jiōng。

棉弹弓，以竹为之，长可四尺许，上一截颇长而弯，下一截稍短而劲，控以绳弦，用弹棉英如弹毡毛法。"

学弹棉，是要拜师学艺的。制作棉絮的关键在于用弹弓弹花，这是体现弹匠们手艺最重要的环节。师傅对学徒

弹棉工具

的训练很严格，徒弟刚上手就要肩扛大木弓、手握木槌不停地敲弦弹花，弹得两手红肿也不准歇息。学徒期满时，师傅将一碗水置于木弓上，让徒弟握槌弹弓，滴水不漏者方可满师。

在外人看来，弹棉是一件很轻松的事，似在阵阵音乐声中绒花飞舞，像变魔术一样把一小袋棉花变成一床温暖舒适的棉絮。可是他们走街串巷，风餐露宿，尤其是长期在棉尘中作业，免不了染上尘肺病。

弹棉大多是流动性的，有半年时间在外，留下女人在家守望。至今还流传着这样的民谣："是女不嫁化里郎，半年独睡空头床。"从每年的农历九月到次年二月，是弹棉生意最好的时期，弹匠会带着简易的工具走村串户。如果有人要制作被子，他们就会取下雇主家的门板，用两条长凳架起来，搭成一个简易台板，把棉花铺在上面。弹花时用木槌频频敲击弓弦，使棉花不断跳跃，渐趋蓬松，然后把弹好的棉花大体按东家想要的尺寸铺好，再用棉纱粗三层、细三层地铺底线、拉面线，使两面纵横布成网状以固定棉絮。牵好纱，扎好四角，然后用木制磨盘均匀用力压磨，使棉纱线与棉絮黏紧、平贴，这样固定的棉絮才结实。一床棉絮制作，大致要经过弹棉、造坯、压棉、牵纱、抹纱、磨纱等十几道烦琐的工序，并且正反面都要加工。

有的弹匠在压棉时会站在磨盘上，通过肢体左右摆动，让磨盘把棉花和纱线压紧，使它们相黏。弹匠还有一双巧手，能用红绳在被子上盘出客户想要

机械弹棉

的各种花样，如红双喜、龙凤呈祥等图案。

如今，随着时代的进步，机械弹棉取代了传统手工艺，弹棉速度快，效率高，极大地降低了劳动强度，同时改善了工作环境，减少了尘肺病的发生。

弹棉还为音乐舞蹈提供了创编素材，丰富了舞台艺术的表演形式，有较高的观赏价值。20世纪80年代，江西省歌舞团在永修马口化里杨村采风，编创出了《弹花舞》和《弓弦声声》等作品，受到广泛好评。

2016年，杨氏弹棉被列入省级非物质文化遗产名录。

家乡的年味

柳云强

立冬过后，忙碌了大半年的人们，终于可以放下劳累和烦忧，轻轻松松、欢欢喜喜迎接新年的到来。临近春节，在外工作、求学的人们像百鸟归巢陆续赶回来，把蛰伏的村庄吵醒，平日里安静的村庄变得热闹起来。

进入腊月，就有人家开始准备年货，腌制腊肉咸鱼。炒米糖、薯片、瓜子与花生是家家必备的过年"四点心"。

过年的头等大事就是"杀年猪"，因忌讳"杀"字，而叫"洗年猪"。洗年猪一般都会请屠夫，屠夫一到，邻里就会有几个力壮的主动来帮忙。洗年猪当天，主人家会将猪肉、猪杂做成热腾腾、香喷喷的一大锅，先是犒劳屠夫和

游 谱

帮手，接着给邻里每家送一碗。主人家还要按肥瘦搭配，这切两斤那割三斤的，用干稻草绑好，给亲戚挨家送去，这叫送年礼。猪是自己喂养的，肉嫩味美。留足过年的猪肉后，剩余的腌制成腊肉。腊肉要吃到年后，有的吃到端午节，还有的吃到三伏盛夏。

洗完年猪，年味就开始弥漫整个村子。

从腊月二十四，直到大年三十，每天都有过年的。根据不同姓氏的风俗，过年时段不一样，有的中午，有的晚上，有的早晨。晚上或早晨过的，敬神祭祖"讨斋饭"时大多有"畏生"①的旧俗。在家过年的外人，包括女婿、未过门的媳妇和出嫁的女子，都不能看到敬神祭祖时的仪式，否则就不吉利。

过年是最重要的日子。这一天，大人、小孩都忙得不亦乐乎。一大早，全村显现一幅热闹的景象。妇女们撸起袖子，露出白白的胳膊，在热气腾腾的盆里洗鸡清毛；男人则在灶前蒸煎烹炸。忙碌了大半天，鸡鸭鱼肉、冷菜拼盘摆满一桌，贴好对联，爆竹一放，大家就围成一大桌正式吃年饭。庄重的仪式，浓浓的情思，一家人团坐在一起，吃着一年里最美好的饭菜，整个屋子暖融融的。

年　市

最有年味的，还是儿时记忆中放鞭炮浓烈的硝烟味。那时候乡下人都很穷，然而他们一点儿也不吝惜。大家认为，买回的爆竹越大，来年带来的运气就越好。当除夕团年饭的各式大碗菜摆上餐桌后，噼里啪啦的爆竹声就此起彼伏响起来了，全村就好像奏起了一曲交响乐。

放鞭炮是有讲究的。除夕之夜，在大门关闭之前要放"封门炮"。初一早

---

① 〔畏生〕过年的时候，除了家人，其他人都作为生人，不能参与。

晨开门之时又要放"开门炮"。放鞭炮原意是驱魔逐邪，随着文明程度的进步，开门放鞭炮一俗，已经很少包含驱鬼成分，而逐渐成为开门大吉、高升发财的象征，增添了过年浓浓的气氛。

吃完年夜饭，大家就围着大火炉守岁。晚辈祝福长辈长福长寿；长辈给小孩压岁钱，寓意保佑孩子平安。守岁是辞旧迎新的大事。在这"一夜连双岁，五更分两年"的晚上，有些家庭还会在神龛上点上长明灯，祈福求平

火树银花

安，一直点到元宵后。桌上放上四点心以及香烟、糖果。屋内烧起火盆，火越旺越好，以示五谷丰登，人丁兴旺。这旺火一直要烧到大年初一，预示这个家庭上一年的旺火会延续到新的一年。现在的守岁已经没有过去的说头了，只是人们对旧岁的无限留恋。

从初一到十五，拜年是最主要的事情。大清早，母亲会早早叫孩子们起床，穿上新衣服去拜年。先从村子里辈分最高的拜起，不分贫富贵贱，一直拜到辈分最小的为止，哪家也不会落下。有的地方有"拜年要趁早"的风俗，甚至说："有心拜年初一二，无心拜年初三四。"拜年越早越见其诚意。拜年也有讲究，嫁出去的女儿通常初二回娘家拜年。初三俗称"拜大年"，即要给头一年逝去的亲人长辈拜年，这一天邻里亲戚都忌讳说拜年的祝福语。"拜大年"的人家，贴春联是有讲究的。头年去世的长辈家中要贴白色对联，再上一年去世的家中要贴黄色对联。

初四一般要去给远处的亲戚拜年。记得儿时随父母去亲戚家，亲戚热情

地招呼我们，不一会儿端上一碗热气腾腾的面，碗里煮了三个鸡蛋，面上放几片大块腊肉，这是当地迎客最高规格。那份浓浓的亲情至今还在记忆里。

大年初一这天扫地也是有讲究的，地上的垃圾寓意着财富，不能扫走。厨房的刀也要藏起来，早上起来只能吃素，中午就吃昨天剩下的。吃年饭时的鸡头鸡爪要留下来。鸡头是权力的象征，要留给老人吃的；鸡爪是抓钱手，当家的一定要在新年的第一天吃到。吃了鸡爪，寄托着全家的希望，希望在新的一年能赚更多的钱，创造更多的财富，过上更好的日子！

正月里，除了拜年，一些大族要举行拜谱、接谱仪式。人们将家谱请出，秉烛，敬香，膜拜，放鞭炮，十分隆重。近年来，游家谱这个传统习俗方兴未艾。舞龙灯也是一项重要的活动。龙灯舞到每户，每户要有一定的迎接仪式，一般要送一块红布、一些米花糖，送烟，放鞭炮。

十五一过，年就结束了。村里打工的男女又要离家远行。

随着生活越来越好，很多人会觉得年味淡了，以前的东西只剩下了怀念，但是年的味道其实还在。都说，有钱没钱回家过年。年成为游子回家的那份期盼。无论时代怎么发展，对家的眷恋，对年味的追寻，是所有中国人不变的情怀。

闹元宵

闲 话 方 言

淦小炎

　　永修是个移民县，从清朝至今，先后有河南、湖南、湖北、安徽、江苏、浙江、重庆等地民众大量移居柘林、白槎、江上、梅棠、云山、虬津等部分乡镇。移民方言口音不断引入，各地语言与永修话并存。由于众多因素，永修区域的语言变得丰富多样，形成了今天以本地方言为主、夹杂其他多种方言的语言特色。

　　永修按方言分区，为汉语赣方言，大致分为涂埠话、马口话和吴城话三个

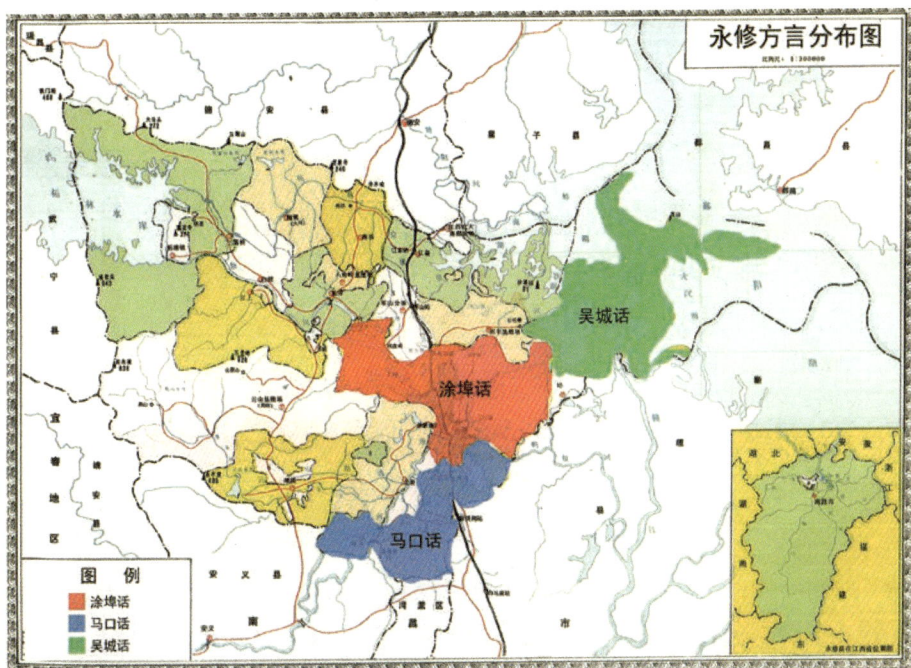

方言分布图

片区。涂埠话（包括涂埠、三角、九合、艾城）与南昌话接近；潦河以南的马口话（包括城丰、永丰）受新建、安义话影响；吴城镇毗邻新建、都昌两县，带有新建、都昌口音。

永修三个片区的方言略有区别，主要表现在语音方面：涂埠话受普通话影响较大，语音相对清晰，发音较直，只有平声，很少有变化。马口话、吴城话语音比涂埠话要婉转。

涂埠镇是永修的城关镇，人们普遍认可的是涂埠话。涂埠话没有普通话的卷舌音，n、l 两个发音混读为 l。如"南""兰"语音没有区别，都念 lán。涂埠话没有鼻音 n，声母 h、f、k 不分，如把"大海"说成"大凯"，把"红"说成"逢"，把"会"说成"肺"；又如把"呼、灰、荒"读成"fū、fēi、fāng"。普通话卷舌音 zh、ch、sh，涂埠话一般发音为 z、c、s。涂埠方言 en 与 eng、in 与 ing 不分，例如"身、生、僧，斤、京、兵"等字。

在永修方言中用得很普遍的"里"是个弱化的轻音，使用范围较大。例如："归里"指"家里"，"好离离里"或"做过然里"指"好端端的"，还有"凳里""蠓里""桌里""褂里""裤里""锤里"，等等。永修话把"这里"说成"葛（gě）里"，把"那里"说成"个（gè）里"。

永修方言非常有趣。"恰（读 qiā，吃）"，兼指吃饭、喝茶、喝酒、抽烟等项。"恰哆么？"是永修一句口头禅，它常常成了打招呼语。"过节"这个词，在普通话中加上适当的修饰语后，可以兼指端午节、中秋节、春节等；可在永修方言中，"过节"则专指端午节。

有趣的还有很多。例如"叶飞"指"蝴蝶"，"霍闪"指"闪电"，"企倒"指"站立"，"瞑倒"指"躺下"。再如把"厨房"说成"灶房"，把"烟囱"说成"烟筒管"，把"辣椒"说成"山沫椒"，等等。至于其他读音，如把"儿女""弟妹"及小辈说成"捞"，把"骂"说成"段"，把"说"说成"哇"，把"女孩"说成"妮姐"，把"好玩"说成"好捏"，等等，不一而足。下面来看看一段方言：

有一逆（日），小刚（江）从合堂（学校）肥（回）到归（家）里，碰到嘿葛公（爷爷）、姆妈（奶奶）、咿（妈）、椒（叔叔）、婶佳（婶娘）、佳（姐姐）。嘿（他）一恰（吃）完饭，就准备出切（去）捏（玩）。嘿走到坪里（草

坪），见逆头（太阳）勒（热）辣辣咯（的），就肥切拿一顶麻秆笠里，嘿打弯箍纠里（到处）擒（寻找），冬危（终于）擒到哆（了）。

永修话，具有很多本土语音特点，除此之外更多地保留了大量古代雅言和书面语言，主要体现在其浓厚的书面色彩和委婉、讳饰、礼让等方面，增强了历史的厚重感。下面略举几例：

"宜乎"，意思是"怪不得""适宜"，如"葛个人宜乎了""葛个崽里宜乎驮打"。《孟子·齐桓晋文之事》中有"宜乎百姓谓我为爱也"一句，原来此话如此文雅。

"霍脱"，意思是动作很快，两字纯属书面语，如"葛个崽里子好霍脱"。

"濯甩"，即洗澡，这里极有讲究。濯，用水浸泡冲涤，屈原有句："沧浪之水清兮，可以濯我缨。"甩，相当于擦拭。

永修人家族群居保留了很多传统习俗，相应在人伦关系里保留很多传统雅言，如"新妇"，指媳妇，又略有差别。"媳妇"仅仅是一个人伦称谓；"新妇"则有一定感情色彩，用"新"表示对媳妇的尊重，完全是传统叫法。《孔雀东南飞》里有"鸡鸣外欲曙，新妇起严妆"的句子，刘兰芝此时做焦家媳妇已很长时间了仍称新妇。

永修方言，至今在城乡仍被广泛使用。它存在语言的多样性，独具特色，是值得我们共同保护的文化遗产。

一夜鱼龙舞

俞　静

　　正月十二，新丰老基卢家。

　　耀祖一大清早就扛着铁锹出门了，他要先沿着撑灯路线检修一遍。撑灯的路线，就是卢氏家族的地界。虽然现在已经没有"族长"这个说法了，可他心里的这种意识还没有变，他要把父亲托付的担子交给儿孙们。十六岁的孙子跟着他一起蹚路。他还记得父亲第一次带着他蹚路，第一次告诉他哪些是要守护的土地时的情形，这些都还在眼前晃着呢。那份沉甸甸的感觉，到今天都还

游灯绕地界

在心里坠着哩。远远望去，初春的田野虽然表面还是褐色的，可已经抑制不住绿色了。让耀祖欣慰的是，十来里的路，孙子虽然走得有些吃力，但并没有抱怨。

正月十三是个大日子，村庄醒得比平时都早。

祠堂里的三尊神像已经抬放在门口，在最前面的是"二阿公"，后面依次是"三阿公""阿婆"。据说，几百年前，卢氏家族为了祭祀先祖"二阿公"，决定在正月十三这天舞灯。舞什么灯？板凳灯。就是由代表每一户家庭的一条条长约六尺、宽约半尺的板凳面连接而成的灯龙。由谁来撑头灯呢？有人出了一道考题：将一只剽悍的狗放到犁过的庄稼地里，谁先抓住狗谁胜出。耀祖的先人胜出了，不仅获得了撑头灯的资格，也顺理成章地成为青湖平原上这一脉卢氏的长房了。

已时一到，男人们抬起了三尊神像，先在村里巡游一圈，然后到镇里街上去游行。一路上敲锣打鼓，呼朋引伴，十分热闹。中午时分，神像游回来了。两座阿公像被抬进祠堂，阿婆像留在门外。因为她晚上还被赋予一项重要的任务——赶灯，就是跟在板凳灯的尾部压阵。

村庄暂时平静了一些。

耀祖的大儿子迎春说，今年女儿考大学，无论如何要抽出时间来撑灯，希望老祖宗保佑女儿高考顺利。洗澡，净面，更衣，祭祖。撑灯前不能吃荤，四五点钟的时候，耀祖女人端出了几大碗清水煮的月半粑，大伙一哄而上，抢着那细腻清甜的月半粑。

吃完粑，大家一起去村口。家家户户的灯陆续来到村口集合。与此同时，青湖平原上另外七个卢姓自然村也正上演着相同的一幕。一般来说是一家一盏灯，这些年变化大，有些人家已经彻底离开了村庄，但他们会请亲戚来帮自己家撑灯。虽然人已离开，但属于自己家的灯不能灭。他们相信，只要灯在，根就在。

五点半左右，接灯，点灯。

没过多时，三声铳响，八个村子的八条灯龙同时出发，到卢氏宗祠集合。宗祠前鞭炮烟花震天响起。一朵朵巨大的礼花将整个夜空照得无比绚烂。一些火星落在枯草上，时不时腾起一簇簇的火苗。黑漆漆的原野上，八条板灯龙正汇聚而来。以老基卢为龙头，八条龙按顺序绕着宗祠边走边接灯。绕走的速度极快，有些壮汉特意要趁这个机会显示一下自己强壮有力，更是走得飞快；有的还故意扭动着肩膀，这样就逼着前后的灯一块扭动起来。速度越来越快，扭动越来越激烈，远看一条灯龙绕着宗祠盘旋飞舞。舞到兴起，汉子们发出阵阵呐喊声，与围观者的叫好声、孩子兴奋的尖叫声，相互应和，此起彼伏。祠堂前的鼓手已经进入了忘我的境界，"咚！咚！咚！"的鼓声震动了天地，也将从寒冷的冬天走来的村民的心震得热乎乎的。迎春看不清脚下的路，全凭着感觉往前走。作为灯头的他是不能松劲的——他是整个板灯的速度和方向。可现在，他不由自己，被巨大的推力推着，跌跌撞撞地向前。一脚深一脚浅，踩

接 灯

进水坑了，踩进烂泥坑了，还差点摔了一跤。满腿是泥，浑身是汗。好在灯龙只绕了三圈就开始出发了。

撑灯途中，灯龙会停下来稍作休息。将撑杆往地里一插，人就轻松了，这叫"落灯"。落灯的地点是固定的。重新开动叫"起灯"。

夜晚的青湖平原，辽阔，静谧。时不时照亮夜空的烟火，又为它增添了几分妩媚和生动。只有这一条灯龙在黑色的夜幕下迅疾地游动着。此时，你若站得更高些，就会看到，整个洲上还有其他几条灯龙也在活跃着。熊家灯、李家灯、杨家灯、梁家灯……板凳灯、龙灯、狮子灯……

八点半左右，地界绕完，灯龙在宗祠前又重新分为八段，各自回村。

迎春被家里的孩子簇拥着，仿佛得胜归来的将军一般进了院子。

耀祖接过灯，操灯时灯笼纸是不能破的，破了，就不是好兆头了。到了家门口，耀祖才将灯笼纸戳破，这个环节叫"孵鸡仔"，意味着"发了"。他一边举着灯笼将家里的每个角落照一遍，楼上楼下、米仓、猪圈……一边朗声祈福："祖宗保佑，六畜兴旺，米粮满仓，家宅平安，儿女孝顺。"最后耀祖加了一句，大声喊道："保佑我崽高考顺利！""好！"全家人欢呼起来。耀祖将灯挂在堂前，要等元宵结束再收起来。

夜已经深了。天空高远，满天繁星，一年一度的板灯龙盛况就这样结束了。

味道永修

藜蒿炒腊肉

胡传银

鄱阳湖畔湖滩宽阔，土地肥沃，在各种水草构成的广袤绿毯中，有一种叫藜蒿的多年生菊科野草。它叶片带齿形，类似艾草，叶面草绿，叶背呈灰白色，长满嫩绒毛。茎秆有的呈茄紫色，有的带青黄色，高 60—150 厘米不等。藜蒿生命力极强，每年初春拱出泥土，蓬勃生长，气味芬芳，

藜蒿炒腊肉

其茎、根食用价值高，逐渐成为人们的美食，素有"鄱阳湖的草，城里人的宝"之说。烹制的时候用腊肉和藜蒿同炒，叫作"藜蒿炒腊肉"，色香味俱全，是江西老表们津津乐道的一道美味佳肴。

说起"藜蒿炒腊肉"，还有一个与明朝开国皇帝朱元璋有关的故事。话说元朝末年，朱元璋同陈友谅在鄱阳湖交战。有一年的春天，朱元璋被陈友谅水军围困在吴城一带，他长时间没吃蔬菜，口干舌苦唇裂，食欲大减，精神疲乏。这下可急坏了火头军。一天，伙夫站立船头，只见船锚犁开草洲一尺来深，露

出一簇簇细嫩白根。他随手揪起一把洗净，放进口里细嚼品尝，发觉有一股菊花清香味。于是把船上剩下的一块腊肉切成条状，与之伴炒，撒上些辣椒粉。烹炒片刻，满船飘香。朱元璋吃后食欲大振，连声称好，便给此菜取名为"藜蒿炒腊肉"。

从此，湖区百姓学会了做这道特色名菜。这道菜很快在江西各地流传开来，经过历代大厨们的努力，成为赣菜十大名菜之一。

东 坡 肉

淦家堂

说起永修东坡肉，相传有一个美好的故事。

宋朝大文豪苏东坡到建昌寻访挚友李公择，走到艾城，见一农夫之子中暑，情况危急。懂得些医术的苏东坡立刻予以救治，使得患者病情好转，脱离危险。农夫为感谢苏东坡的救子之恩，去

东坡肉

街市上称了两斤五花肉回家。他问苏东坡喜欢何种口味，这肉是烧还是炖？苏东坡正在欣赏乡村景色，抬眼望去，见满塘荷叶，便脱口而出："荷上珍珠透馨香。"农夫误听为"禾草蒸煮透心香"，于是把肉洗净，绑上稻草，下锅焖煮。肉熟了，苏东坡问起做法，农夫才告知。苏东坡笑道："晨曦舒彩，绚烂天半，水上荷香，朝露如珠，故赋诗'荷上珍珠透馨香'，主人是误听了。"

没想到的是，此肉汁浓味醇、香糯可口、肥而不腻，加上稻草的清香，真是别有一番风味。苏东坡品尝后，大加赞赏。此后，永修人凡答谢之宴、红白喜事，在款待客人的酒宴上，都要有这道大菜——东坡肉，并流传至今。东坡

肉现已成为闻名遐迩的地方名菜，还得到了中央领导的青睐，进入了中南海。

和　菜

金　维

和　菜

永修民间有一道很特殊的菜,叫"和①菜"。

和菜的主要食材就是白萝卜,以九合淳湖出产的白萝卜最佳。和菜的做法很简单,先用刨子把白萝卜刨成细丝,然后用热水焯一下,之后,把它放入冷水中冷却一会捞上来,再把东坡肉汤汁淋到萝卜丝上,然后搅拌均匀入味,最后撒些大蒜碎叶、八角茴香,便成了地道的和菜。

和菜是永修"八大碗"之一,"八大碗"包括两碗和菜、两碗东坡肉、两碗腐片、一碗海带、一碗鱼。在民间还有"七个头""九个头"的风俗。"七个头"就是比"八大碗"少一碗海带,寓意为七星高照、五男二女七子团圆。"九个头"就是在"八大碗"的基础上再加一碗海带,寓意为天长地久。

每逢红白喜事、造屋上梁,都要上"八大碗",或"七个头""九个头",其中和菜是必不可少的佳肴,数量上还要求事事成双。

和菜虽不是山珍海味,但颇有当地乡土风味。因宴席上多食荤腥,大鱼大肉,过于油腻,吃和菜可开胃口、理气助消化。永修人自古以来喜欢以"和"为贵,而"和"也有"团圆""混合"的意思。吃和菜,寓意家庭邻里和睦,万事和顺。

---

①〔和〕读 wó。

相关链接

永修谚语、歇后语

更多内容，请扫描二维码

（一）谚语

1. 人是三节草，不晓哪节好。
2. 早起三朝当一工，莫在人前落下风。
3. 雨中歌啰叫，报告晴天到。
4. 好人不听狗唆。
5. 马瘦毛长，人弱嘴强。
6. 白酒红人面，黄金黑人心。
7. 白狗恰肉，黑狗当灾。
8. 黑毛猪子家家有，孱吧罐里年年多。
9. 春风不入屋，放牛崽里冷得哭。
10. 长哥当爷，长嫂当娘。
11. 吃遍天下猪好，走遍天下书好。
12. 恰蛇不吐骨头。
13. 世上只有第七，冇有第一。
14. 有样跟样，冇样看世上。
15. 花花轿子人抬人，人抬人高。
16. 宁死做官的爷，不死叫化里娘。
17. 亲戚是把锯，有来也有去。
18. 一人冇有二样智。
19. 稀泥巴扶不上墙。
20. 叫花哩搭火胯里扒。
21. 龙配龙，凤配凤，虼蚤配臭虫。
22. 外地恰只鸡，归里笼里嗤。
23. 出门看天色，进门看脸色。
24. 鸡多不下蛋，人多不做事。
25. 牛不知角弯，马不知脸长。
26. 有心来拜年，花朝也不迟。
27. 不想柴烧，斧头不得脱。
28. 起手不打笑面人。
29. 死秤活人扶。
30. 猪眠长钱，人眠卖田。

（二）歇后语

1. 麻布袋绣花——底子太差
2. 猪恰大麦羊去赶——切了货
3. 光屁股点灯——自己献丑
4. 鸭背上浇水——冇得用
5. 老鼠爬称钩——自称（秤）自
6. 搽粉上棺材——死要脸
7. 和尚拜堂——十足外行
8. 问客杀鸡——假忙假窜
9. 放了气的猪尿泡——软了
10. 麻布袋装钻里——个个想出头
11. 三只脚的凳里——不稳当
12. 乌鸦笑猪黑——自丑不觉
13. 戏台脚下眍觉——图热闹
14. 驼子作揖——假恭敬
15. 牛头边告状——不起作用
16. 戴麦秆笠亲嘴——靠不拢
17. 抹上黑脸照镜子——自己吓自己
18. 肉煮稀饭——装穷
19. 一个人拜兄弟——你算老几
20. 跟你恰了头罐粥——打巴结
21. 舌头舔鼻子——高攀不上
22. 茶壶装饺子——有嘴倒不出
23. 黄连树下唱歌——苦中有乐
24. 叫化里唱戏——穷开心
25. 头顶磨里——不知轻重
26. 快刀切葱——两头空
27. 黄瓜打鼓——一锤子买卖
28. 甘蔗吹火——一窍不通
29. 聋子的耳朵——摆设
30. 窗口吹喇叭——鸣（名）声在外

（淦家凰收集）

　　源于井巷俚俗，却闪耀着智慧之光；亦幻亦真，讲述着人间的悲欢离合。侠风道骨、英雄传奇、趣事逸闻，细细品读，耐人寻味。它们犹如一个个优美的音符在我们心中跳动，让我们品味乡土文化，感受民族精神，在字里行间自然萌生热爱故园的乡土情结。

沉海昏　立吴城

肖　萍

海昏古城，据县志记载在今天的吴城镇芦潭村西北角。

公元前201年，汉高祖刘邦设置了海昏县。历经600余年繁华，这座盛极一时的古城竟忽然神秘地消失，沉睡于烟波浩渺的鄱阳湖湖底。为此，民

海昏侯墓考古发掘

间流传着这样一首歌谣："血洗基子殿，火烧泽泉街。沉掉海昏县，立起吴城来。"

传说南朝初期，有位老道士手持半边瓷盘出现在海昏县城。他走街串巷，沿途叫卖："边——盘！边——盘！"可是，一只破瓷盘并没有引起人们的注意，尽管他喊破了喉咙也无人搭理。第二天，这位老道士手里又加了一双筷子，他一边用筷子敲打瓷盘，一边扯开嗓子喊："筷——盘！筷——盘！"人们不解其意，近前问其故。老道士神秘道："衙前石狮流血时，海昏定有大劫难。"

有一些胆小的人听了老道士的话，开始纷纷搬离海昏。大多数人不以为意，依旧起早赶晚。从此以后，城里再也没看见老道士的身影了。

有位屠夫暗自琢磨起来：既然是石头狮子，怎么会口流鲜血呢？此人莫非是个疯老头？他将信将疑，每天照常杀猪卖肉，卖完肉便去县衙门前察看一

番，一连数日也不见动静。好奇心驱使下，屠夫竟将猪血涂于石狮口中。刹那间，天昏地暗，地动山摇，海昏县城快速下沉，瞬间便被湖水淹没，无影无踪。而在其东北方不远处竟冒出了一座小山，后来人们管它叫"吴山"。劫后余生者都认为老道士是神仙下凡，他叫卖"边盘""筷盘"是暗示大家"边搬""快搬"，"盘"与吴城方言"搬（家）"谐音。

还有一个传说，在海昏沉没前一天晚上，县城里在演戏。戏很好看，看的人也特别多，连乌龟精也来了。因身上腥味很重，它站在哪儿，哪儿的观众就赶它。只有一位老人同情它，让它到自己身边看戏。看了一阵，乌龟精拍了拍老人的肩膀，说："老丈，别看啦，大风大雨快要来了，赶紧回家去！"老人半信半疑，缓步离去。刚到家，海昏古城就在风雨中消失了。

这些毕竟是传说，缺乏科学依据，然而海昏古城的沉没确是不争之实。

湖底麻石桥遗迹

有关沉没的原因，民间流传着多个版本。

据《晋书》记载，在东晋和南朝期间，鄱阳湖区域发生过一次大地震，海昏古城就在地震中心附近。强烈的沉降和抬升对湖水入江造成顶托，以致鄱阳湖的水位不断升高，最终导致海昏古城沉没，吴山拔地隆起。这一说法，较为吻合"沉掉海昏县，立起吴城来"的歌谣。

近些年来，考古学界有了一个惊人的发现——汉代海昏侯墓发掘面世，从而印证了海昏县城在历史上的真实性。每到枯水季节，芦潭村临近修河的陡坎边便会现出几排巨大的木柱，其间可采集到陈年谷壳和瓦砾，还可找到铜钱。当地百姓说，这便是昔日的"海昏仓廪"。风平浪静的时候，村北蚌湖还隐约可见水中的城郭遗址。我们相信随着考古学家的不断探索，传说中的海昏古城终将重见天日。

白居易游建昌

淦家凰

公元815年，白居易因得罪朝廷权贵被贬为江州司马。在担任这一闲职的几年间，他寄情山水，泼墨题诗。他踏遍了建昌的青山绿水，建昌江赏景览胜，云居山访古参禅，易家河休闲泡泉，留下了许多名篇佳句。

一天，白居易由吴城沿着修河溯流而上，来到当时的建昌县城艾城。在杨柳津渡口，他伫立河边待渡，眼前是一江修水横在县城边。城郭房舍，垂柳绿树，倒映在清清江

白居易雕像

水里。微风吹拂着岸边的青草，如银似雪的细沙铺满滩头。毛毛细雨，将渡口渲染得一片迷蒙，他不由得触景生情，信口诵出一首《建昌江》：

建昌江水县门前，立马教人唤渡船。

忽似往年归蔡渡，草风沙雨渭河边。

后来，建昌百姓为了纪念白居易，在他唤渡的地方，建了一座"风雨亭"，让过往行人遮阳避雨。北宋书法家、大诗人黄庭坚将白居易这首诗书刻于亭上，

并取诗中二字，将风雨亭改为"唤渡亭"，使人们在等待艄公的时候，多了一点悠然，多了一份诗情。这也成了后来的"海昏八景"之一——柳渡春烟。

白槎①是古代建昌的一个集镇，它的得名与白居易有着不解之缘。

白居易离开艾城，随即乘槎游览修河，行至梅州古镇。此时，天色已晚，古镇市井喧闹，灯火初上。他想在此借宿一夜，次日再行。

白居易上岸找到一家客栈问道："请问店家，此为何处？"

店家回道："此乃梅州。"

修河白槎段

客栈店主见白居易气度不凡，又见宿簿上写有"乐天"二字，应有来历，就连夜禀报镇守。镇守听后，知是司马，意欲拜见，又恐天色已晚，搅扰多有不便，思量再三，决定次日大早前往问候。

第二天，东方破晓，白居易偕随从乘槎离去。镇守一早扑了个空，很是遗憾。此事一传十，十传百，流传开来。后人为纪念白居易来过此地，就将梅州镇改称白槎，意思就是"白居易泛槎"的地方，此名一直沿用至今。白居易在这一带还留下不少遗迹，如今的白槎镇上有一处"吟诗巷"，白槎下游杨柳津有个"吟诗巷杜村"。

两年后的盛夏，白居易又到建昌，沿着道容禅师当年白鹿引路的小道，拜谒云居禅院。当天夏日炎炎，他头戴草帽，脚穿芒鞋，顺着崎岖山路攀登而上。一路上唇干舌燥，大汗淋漓。当行至禅院东侧时，忽见一株梧桐枝繁叶茂、绿荫如盖，白居易顿觉心情舒畅，浑身凉爽。他在树荫下踟蹰良久，这时有一僧人好奇地来到他身边，热情地为他讲述了开山祖师道容禅师当年由白鹿衔花引路、登山选址的故事。白居易听后若有所思，然后从布袋里取出笔墨纸张，当即写下《云居寺孤桐》：

---

①〔槎（chá）〕本意指树木的枝丫，这里指木筏、竹排。

一株青玉立，千叶绿云委。

亭亭五丈余，高意犹未已。

山僧年九十，清净老不死。

自云手种时，一颗青桐子。

直从萌芽拔，高自毫末始。

四面无附枝，中心有通理。

寄言立身者，孤直当如此。

次日，白居易在当地友人穆三十六的陪伴下，过仰天塘，登五老峰，饱览云居山秀丽风光。回到禅寺后，写下七绝《游云居寺赠穆三十六地主》，其中"乱峰深处云居路，共踏花行独惜春"成为千古佳句。

白居易离开云居山，翻山越岭，步行到一个村庄，见天色已晚，便在一村民家借住一宿。后人将此地改为"司马"，这就是今天柘林镇司马村名的由来。

随后，白居易又乘兴来到柘林易家河，温泉洗濯，不禁兴致勃发，留下《温泉》一诗，至今为人传诵：

一眼汤泉流向东，浸泥烧草暖无穷。

骊山温水今何事，流入金铺玉砌中。

易家河温泉公寓

谈 心 石

刘茂盛

　　20 世纪 50 年代，虚云老和尚以 114 岁高龄开始重建云居山真如禅寺，在疏浚明月湖、碧溪的施工过程中，发现一方巨石，上镌"石床"二字，据考证为宋代大文豪苏东坡的手迹。虚云老和尚看到此石后，兴奋不已，让石匠在巨石旁边刻上"谈心石"三个字，并赋诗一首：

　　　　坡老崇佛夙愿深，谈心石上畅幽情。
　　　　碧溪桥畔留古迹，云任卷舒本无心。
　　　　四海欢腾尧天日，泽被苍生庆和平。
　　　　信义真诚曾留带，云辟溪桥标印名。

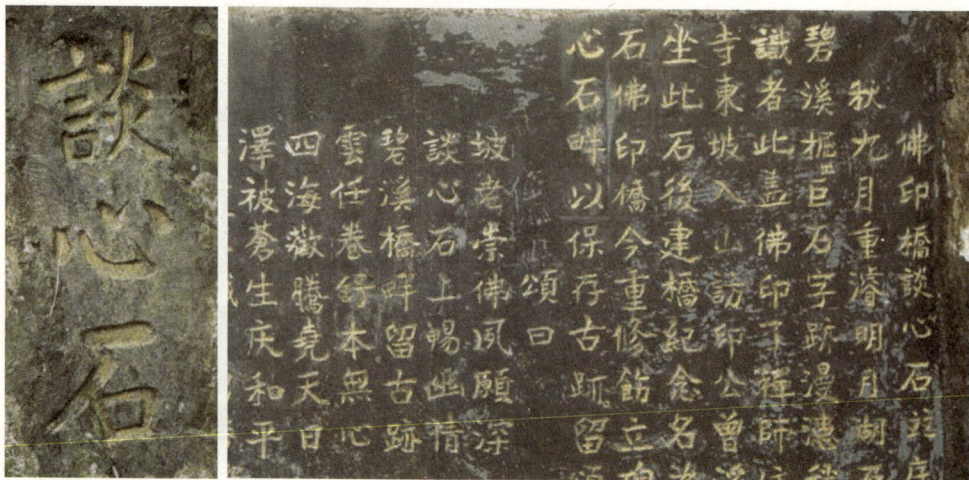

谈心石

说到谈心石的来历，不禁让人想起佛印与苏东坡交往的生动有趣的往事。

佛印（1032—1098），宋代云门宗僧，法名了元，饶州浮梁（今景德镇市）人。他自幼熟读诗书，精通五经，被誉为神童。19 岁时登临庐山，诵读佛经，学习禅法。

苏轼手迹

佛印曾四任真如禅寺住持，被誉为大德高僧，深受僧众钦服。宋神宗亲赐高丽磨衲金钵，并赐予"佛印禅师"称号。

苏东坡是北宋大文豪，中国佛教史上著名的大居士。他与许多佛门高僧都有密切的往来，经常与他们往来论道，探究佛理。在与苏东坡有交集的高僧中，佛印禅师与他的情谊最为深厚，远远超越了僧俗之间的情感，成为亦师亦友的典范。他们交往频繁，相处无拘无束，不仅经常辩论佛理，有时还相互戏谑，从中取乐。他们之间的很多故事，都成为后人津津乐道的佳话。

宋神宗元丰二年（1079），佛印禅师住持真如禅寺，苏东坡被贬黄州，数次游历江西，均与佛印相聚云居山真如禅寺。相传，苏东坡第一次到真如禅寺，与佛印在山中散步。看见一座马头观音的石像，佛印立即合掌礼拜。苏东坡看到这种情形不解地问："观音本来是我们要礼拜的菩萨，为何她的手上与我们同样挂着念珠而念佛，观音到底在念谁呢？"佛印禅师答道："这要问你自己。"苏东坡疑惑不已："我怎知观音念谁？"佛印说："求人不如求己。"苏东坡若有所悟，笑着说："学佛，大概就是要自修自悟，自食其力，净化自我，完善自我。"

两人常来常往，互相逗趣。一次，苏东坡问佛印："以大师的慧眼看来，吾乃何物？"佛印回答说："贫僧眼中，施主乃我佛如来金身。"苏东坡听佛印说自己是佛，顿时喜上眉梢，心生感激。佛印接着说："佛由心生，心中有佛，所见万物皆是佛。"交谈中，苏东坡领悟到了"心中有佛"的真谛。他认为，心中有佛，大概就是有一颗仁义之心、慈爱之心、善良之心、诚恳之心、感恩之心、怜悯之心、大度之心、包容之心，用这样的心，去看世间，看人生，才会看到世界的美好，人间的真情。

苏东坡和佛印谈佛论道，情深义重，黄庭坚也常常加入他们的交往之中。有一次，苏东坡、佛印与黄庭坚相约登上云居山巅。他们饱览宛如仙境的旖旎风光，领略大自然的美妙情趣，不禁诗兴大发。黄庭坚当即吟唱一首《登云居作》，发出了"四时美景观难尽，半点红尘到不能"的感叹。苏东坡听罢，随即以《和黄山谷游云居作》为题应和一首：

> 一行行到赵州关，怪底山头更有山。
>
> 一片楼台耸天上，数声钟鼓落人间。
>
> 瀑花飞雪侵僧眼，岩穴流光映佛颜。
>
> 欲与白云论心事，碧溪桥下水潺潺。

据说，苏东坡最后一次离开真如禅寺时，佛印亲自送至碧溪桥边，两人依依不舍，在溪畔的巨石上面对面盘腿而坐，欢畅之间，谈诗论经。苏东坡兴致勃勃地从布袋里取出笔墨，在巨石上挥毫写下"石床"二字，并吟出一偈：

> 百千灯作一灯光，尽是恒沙妙法王。
>
> 是故东坡不敢惜，借君四大作禅床。

佛印喜出望外，当即请人镌刻，以此纪念此情此景。这段佳话后来在民间流传开来，"石床"也就成了佛印与苏东坡情感笃深的见证。

斗转星移，沧海桑田。如今，登山谒寺者都会在谈心石前驻足凝视，心驰神往。

赵州关

人鹤奇缘

肖介汉

20 世纪 30 年代，有一位世代在吴城北岸蚌湖边捕鱼的潘姓渔民，救助了一只受伤的白鹤。白鹤痊愈后，渔民打算把它送回大自然。可这只白鹤为了报答主人的再生之恩，竟与主人生死相依，不离不弃，结下了一段人鹤奇缘。

老人与鹤

那是一个风和日丽的上午，老潘正在湖边修补渔网。突然，一只白鹤跌跌撞撞落在他身旁不远处，不时发出凄婉的哀鸣声。

老潘年轻时使用鸟铳捕杀过大雁、天鹅，如今已经"金盆洗手"好多年了。当看到受伤的白鹤耷拉着脑袋，无力地瘫倒在泥沼中时，老潘的怜悯之情油然而生。他急忙丢下手中的活儿跑过去。白鹤见了老潘，头微抬，乜斜着眼，低声哀鸣。一会儿，它将颈脖颤抖地伸长，两只脚尽力支撑着身子，然后扑腾了几下翅膀，极力想飞起，可还是跌倒在泥泞的水泊里。老潘抢上一步把它抱起。鹤的呼吸已很微弱，洁白的羽毛沾满了血污，被泥水粘成一坨一坨的，几根长翎拧在一起，有一根几乎要脱落下来。它没有恐惧，也不见生机，双眼流露出迷茫的神情，无精打采地蜷缩在老潘怀里。老潘仔细一瞧，发现鹤的翅膀上有好几个弹孔，腿部也有一个暗红色的伤口，显然是被排铳打伤的。

　　"救鹤要紧，不然它就没命了。"老潘心中默念，急忙把鹤抱回了家。

　　老潘的家就在湖边，是一间简陋的渔舍。自从十多年前老伴去世后，他举目无亲，身边连个说话的人都没有，一个人孤独地生活着。

　　到家后，老潘小心翼翼地用刀片划开伤口，取出里面的铁弹子，给它清洗，敷药，扎绷带。手术后的白鹤气若游丝，老潘心疼极了。当天晚上，他把被子盖在白鹤身上，整宿都没睡安稳。第二天，又上街买来筒子骨炖汤喂给鹤吃。他担心白鹤久卧后两腿会僵硬，每天还给它做按摩，就像照顾自己的亲生孩子一样。

　　经过老潘的悉心治疗和喂养，白鹤奇迹般地度过了危险期，半个月后能够站立起来并蹒跚行走。老潘每天打鱼回来总是带着白鹤出去散步，以恢复它双翅的臂力和脚趾的蹬力。

　　不久，白鹤完全康复了，嘴里发出了"咯噜噜、咯噜噜"欢快的叫声。老潘心想，既然鹤的伤已经养好，就应该让它回归大自然。

　　一个暖阳高照的下午，老潘把鹤带到蚌湖放飞。他轻轻地抚摸着鹤的羽毛，深情地说："鹤呀，你以后可得当心猎人的鸟铳啊！"说完，抱起白鹤，奋力

日落鹤归

向空中抛去。白鹤振动翅膀，伸长脖颈，蹬直后腿，在"咯噜噜、咯噜噜"的欢叫声中飞了起来，越飞越高。

可是，它并没有飞远，一直在空中迂回绕圈。盘旋几圈后它又重新返回地面，"扑通"一声落在老潘身旁，伸出长长的脖子，在主人脸上、身上不停地亲昵摩挲着，嘴里叫个不停，仿佛在说："主人啊，请您留下我吧，我哪儿也不想去，这里就是我的家。"老潘何尝不希望鹤留在自己身边，有鹤在，至少可以面对它说说自己的心里话呀！他十分感动，含着热泪弯下身子搂着鹤的颈脖，再次把它抱回家中。

从此，白鹤长年陪伴在老潘身边，与他朝夕相处。白鹤充满灵性，每天清晨，天刚蒙蒙亮，鹤就"咯噜噜、咯噜噜"叫个不停，催促老潘该下湖收网了。每次吃饱喝足后，鹤会昂起颈脖，挺起胸脯，迈开步子，四处巡视。老潘从外面打鱼回来，鹤会欢快地迎上去，用嘴叼他的衣服。老潘心情不好的时候，鹤还会在他面前翩翩起舞，想方设法逗他开心。白鹤俨然成为老潘的伴侣。

随着时间的推移，鹤与老潘的感情越来越深，这是一种特殊的感情，这种感情成了一种习惯、一种依恋。

三十多年过去了，老潘渐渐老去。终于有一天，与鹤相依为命的老潘离开了人世。这只深通人性的鹤日夜守护在老潘身旁哀鸣不止，不离不弃，"咯噜噜"叫起来就像一个几近绝望的孩子。

老潘出殡的那天，鹤更加伤心，连修河对岸都能听到它凄楚的哀鸣。老潘下葬后，白鹤发疯似的冲到坟墓前，守护主人。它不吃不喝，寸步不离。有人逗它，想让它快乐起来，可是一点用也没有。它站在墓前纹丝不动，怎么赶也赶不走。就这样，白鹤的身体渐渐垮了下来，最终倒在了老潘的坟前，可它的眼睛一直睁得圆圆的。

白鹤与老潘之间生死相依的故事，深深地打动了当地的村民，他们将鹤与老潘合葬在一处。

故 事 二 则

一门忠义淦君鼎家族

淦小炎

淦君鼎家族的故事，一直在民间广为流传。

淦君鼎是九合廖坊淦村人，明朝末年任赣州府学训导，后署理通判。清顺治二年（1645），清军长驱南下，南明小朝廷撤入福建。地处闽、粤通道的赣州成为保护南明政权的军事要塞。四月初，清军十三营人马兵临赣州，开始了

赣州城墙

对赣州的进攻。南明政权为了保住赣州，急忙调集了广东、广西、福建、湖南的军队前来增援。但是，这些各自为战的军队如一盘散沙，一遇清军，全部溃败。

为了保卫赣州，淦君鼎以在赣州浸染八年积攒的人脉和树立的威望登城而呼，组织军民进行赣州保卫战。当时，赣州城内数以千计的学子是他的受业弟子，他既有学官之位，又具师长之尊。他的倡导一呼百应，淦君鼎成为保卫赣州的核心人物之一。

炮 台

孤悬的赣州城被清军长期围困，城中弹尽粮绝，守城军民死伤大半。为了振奋士气，打击清军的嚣张气焰，淦君鼎 24 岁的二儿子淦宏祐挺身而出，紧急召集那些流亡到赣州的官绅、死士和侠客组成一支敢死队，又招募赣州本地客家子弟，训练了一支两万余人的"进贤社"投入战斗。他多次率军出城重创清军，极大地扰乱了清军攻城节奏。顺治三年（1646）六月初八，淦宏祐出城偷袭清军，不幸中箭身亡。

淦君鼎 21 岁的小儿子淦宏祉与残余将士撤进城内，与父亲一起死守南门。与清军艰苦对峙，守城士兵疲惫到了极点。

十月初三深夜，清军趁着下雪天，在向导的引导下，强攻城门，他们用大炮炸开城墙，潮水般涌入。淦君鼎亲自上城督战，双方血战异常惨烈。初四，天渐亮，不断增援的清军借助浓雾的掩护涌入城内，坚守了一年半的赣州城最终被攻陷。淦宏祉与清军展开激烈的巷战，拼死守卫府衙，身负重伤，最后倒在清军的乱刀之下。清军大肆屠城，城内一片混乱，青壮男子拿起武器做最后的殊死搏斗。妇女不愿受辱，或自缢者，或投塘者，不计其数。城内尸首遍地，血流成河。

在获知儿子战死后，淦君鼎忍住悲伤，立刻率部奔赴东门。他边战边退回到衙署，召集家人说："以身报国是我们的本分，你们跟我一起殉国吧！"

夜幕低垂，雨雪泠泠，院子的空气仿佛凝固了一样。老夫人熊氏颤巍巍地领着怀抱孩子的二媳熊氏、三媳李氏悲壮投井，两位婢女吕氏和端香也紧随

殉难。

淦君鼎强忍悲痛，焚香更衣，毅然悬梁自尽。此时清军涌入府衙，挥刀断索，放下淦君鼎。被解下绳索后，淦君鼎苏醒过来。他面无惧色，拒不投降，大声痛骂清军暴虐凶残、滥杀无辜。最终，清军无计可施，便残忍地将他杀害了。

在浴血抗击清军的战斗中，淦君鼎一家除长子淦宏斌死里逃生外，其余的全部壮烈殉国。淦君鼎家族一门忠义，给后人留下了一曲忠贞报国的正气歌。

蔡家明偷袭日本军营

张红华

九合青墅蔡村的蔡家明从小就喜欢舞枪弄棒，长大后精通武术，在本地设馆以授武为业，先后招收徒弟数百名。

1938年10月，日本侵略军占领德安后，继续南侵。修河北岸的百姓纷纷"跑反"①，躲进了修河南岸的丛林中。蔡家明虽已年过花甲，却毫不畏惧，带领弟子留守本村。

此时，国民党薛岳兵团一〇五师正驻防在修河南岸的陈桥坂（今江上乡焦冲村附近）。有人向师长王铁汉推荐蔡家明，称其深明大义，武艺高强，且十分熟悉当地的地形。王铁汉便派人请来蔡家明，让他参与部队行动。蔡家明一口答应。起初，蔡家明只是作为部队行军的向导，因他熟悉地情，有时被派到修河北岸侦察敌情。每次从敌营归来，蔡家明总能带回敌方步枪、机关枪、子弹等武器弹药。一次，他竟独自骑着日军军马，将日军的小钢炮驮了回来，当即受到王师长的嘉奖。因担心蔡家明独自行动可能遇到危险，王师长再三告诫他务必谨慎小心，以后再也不可单独行动。蔡家明一笑了之，心中并未介意。

过了些时日，蔡家明没向王师长汇报，率领徒弟50多人，暗携武器，趁

---

① 〔跑反〕这里指逃难。

蔡家明故居

夜黑偷渡修河，向驻艾城日军发起突然袭击。日军乱成一团，等到他们反应过来时，蔡家明等已歼敌数十人，安全返回修河南岸。日军对蔡家明又怕又恨，悬赏大洋要捉拿他。

1939年初春的一个寒夜，蔡家明带领几名便衣队员潜入日军驿南（今江益）兵营，实行破坏计划。天亮时，不幸被日军发现。日军连忙调集人马前堵后截。蔡家明命令便衣队员分散突围，他一个人牵制日军的火力。在日军的包围圈里，他闪转腾挪，击毙数敌。当闻讯而来的日军得知眼前的这个人就是蔡家明时，便疯狂射击封堵他的退路。蔡家明凭借一身好功夫，跑到一棵大树下，一个轻功跃身蹿上大树，迅即隐藏起来。日军四处搜寻，不见他的踪影，便牵来狼狗，追踪到大树下，发现了藏在树上的蔡家明。日军乱枪齐发，蔡家明不幸中弹，英勇捐躯。凶残的日军将他的尸首吊在这棵大树上示众，以恐吓抗日军民。

王师长得知他殉难，失声痛哭，命令蔡家明的徒弟无论如何要将他的尸首抢回。徒弟们深入驿南，偷回他的遗体，把他安葬于青墅蔡村外的小山上。至今，蔡家后人每逢清明或春节都会到他的坟茔、故居去祭奠凭吊。

传说两篇

黄 婆 井

成梦宁

在立新乡黄婆井村前，有一口黄婆井，青砖井身，青石板面，井水清澈，永不干涸。

相传很久以前，村里住着一位黄婆。黄婆孤身一人，为谋生计，她在井边搭了一个简易的草棚，开起了茶店，还在不远的山脚下种植了茶叶，汲取井里的泉水煮茶，卖给过往行人。靠着卖茶水的收入，黄婆也过得逍遥自在。

黄婆井

有一天，太阳从早到晚炙烤着大地。地上的草枯萎了，远处的树木也都低下了头，大地仿佛要被烤熟了。

黄婆依旧早早起来煮好热茶。想到天气炎热，客人们多喜欢喝凉茶，她便从井中打上凉水，将热茶冷却。可是，快到晌午了，竟然不见一个行人。黄婆百无聊赖地摇着扇子坐在棚里，背靠着井边歇息。一阵阵凉意从井口袭来，黄婆舒坦极了，睡意渐起，很快就睡着了。

不知过了多久，一位白发老人右手拄着拐杖，左手提着竹篮，步履蹒跚地走来。老人满头大汗，忍受不住酷热，便在茶棚里坐了下来。一转身看到这口石井，井水清冽，冷气上冒，顿时觉得一股凉意扑面。老人一下子满身清爽，

不禁长长地舒了一口气。

此时，老人很想喝一口井水茶。他轻轻地唤了几声，黄婆一哆嗦，见有来客，急忙起身热情招待，端出凉茶。老人双手捧过兰花陶瓷碗，"咕咚、咕咚"，连喝了好几碗，嘴里连声说

新村门楼

道："好喝，再来一碗！"老人喝光后，便付了茶钱。临走时，又从怀中取出七粒糯米，投入井中，再三叮嘱黄婆好生守护井水。

白发老人走后不久，黄婆的生意慢慢地好起来。过往的客人都说黄婆煮的茶越来越好喝了，清香扑鼻的茶水竟然渗出一股浓浓的米酒甜味，让人迷醉。黄婆也发现，这井水变得更碧澄而香甜，胜似佳酿。她灵机一动，便不再卖茶了，改为卖酒。这一下直接取井水当酒卖，远近村里的人都争相来买酒，黄婆的生意越来越红火，挣的银子也越来越多了。

一个从庐山来的穷秀才打这里路过，歇下来喝了一碗井水，当即赞不绝口，随口吟出："幽泉浸山骨，仙井涌明珠。"秀才为这口井水赋诗的事很快传开了，黄婆的井水渐渐扬名十里八乡。

可是，黄婆却越来越不知足了。她偷偷雇了好几拨人，趁着夜间在周围掘井。可是打上来的井水都没有酒的香甜。屡次不成，黄婆冥思苦想，人也慢慢失去了以往的热情，整天眉头不展，时常唉声叹气。

一天，一位自称是远道慕名前来的酒客看到一脸苦瓜相的黄婆，便问："你生意这么好，日子这么富，为什么还愁眉苦脸呢？"黄婆长叹一声答道："客官，你不晓得啊，佳酿虽好，但酒水太少，又没有酒糟，真烦死人。唉，美中不足呀！"话音刚落，眼前的酒客忽而现出原形，竟是提篮拄杖的白发老人。老人一顿足，

轻声骂道："你这不知足的婆娘！"迅即走到石井旁，以杖代笔，在井壁上写下一行小诗："天不厌高，人心转高；水当酒卖，反恨无糟。"写毕，他旋即指向井中，口中念念有词，井水瞬间复原，也不再散发酒香了。

从那以后，虽然过往的客商仍络绎不绝，却无人向她买水，黄婆的生意也就无法维持了；又遇上大旱，井水也最终干涸了。

店铺关闭以后，黄婆整日食不甘味，夜不能寐。想想自己前半生的贫穷，想想自己的经历，想想大旱之下的乡邻，她终于醒悟过来，明白了贪心不足终将一无所有。于是，她便将那些年赚来的钱财全部施舍给周边贫困的人们，自己也搬到山坡下搭了一间草屋，自耕自种，免费为路人提供茶水。也是怪事，自那以后，井水又见丰沛，口味更加清甜。

黄婆的故事口口相传，人们就把这口井称为黄婆井。如今，井水依然清澈甘甜，村子也改叫黄婆井村。

白莲仙女

彭铭群

很久以前，有位貌美如仙的姑娘，为抗婚一路颠沛流离逃到永修南山湖边。秋风瑟瑟，波涛滚滚，望着一望无际的湖水，她万念俱灭，长叹一声，纵身投入湖中。

此时，恰逢南山道人云游归来，他手挥拂尘施展法术，救起了姑娘。从此，她拜南山道人为师，研学医术，领悟道法。得道后，她就在南山湖边结庐而居，用师傅送她的白莲仙籽，在南山湖里

白莲仙女雕像

种起了白莲。一到夏天，满湖的荷香沁人心脾，人们亲切地称她为白莲姑娘。

有一年，南山湖方圆百里闹瘟疫，官府束手无策，郎中也无药可治，大批病人相继而亡。白莲姑娘心急如焚，她不顾凶险，只身深入柘林一带的深山峻岭，攀悬崖，走峭壁，采集药材。她遍尝百草，终于研制出治疗瘟疫的特效良药。在她的精心治疗下，百姓得救了。

姑娘不仅医术精湛，道法高强，而且疾恶如仇，一身正气。

南山村有一恶人，人称"南霸天"，家有良田千顷，妻妾成群。他仍欲壑难填，盯上了村里张老伯如花似玉的女儿。

一日，张妈带着女儿进城赶集置办年货，顺便为女儿买块花布做件新衣裳。娘俩办完年货刚走进布店，就与大摇大摆出门的南霸天撞了个正着。南霸天，个头不高，生就一对贼眉鼠眼，双唇关不住的大黄牙裸露在外，一副贪婪荒淫的嘴脸。见到张家母女，一双贼眼直勾勾地盯住张妈女儿，上下打量，嬉皮笑脸地上前就要动手动脚。回过神来的张妈赶忙拉着女儿，一路狂奔回到家中。

一辈子胆小怕事的张老伯，听到孩子碰上了恶魔南霸天，吓得直哆嗦，他紧闭木门，让妻女躲到里屋床下，自己拿着一把铁锹战战兢兢地守在门口。

夕阳西下，夜幕渐渐笼罩大地。黑暗让张老伯神情更加紧张。他听着门外的风吹草动，小心翼翼地提防着，随时准备为妻儿去拼命。

冬夜是寒冷而漫长的。恍恍惚惚的张老伯昏昏沉沉地睡倒在门边。忽然门外传来阵阵打斗声，张老伯打了一个冷战，惊醒过来。他偷偷地躲在门后，透过门缝向外张望。黑夜里，只见一个白衣女子挥舞拂尘，上下腾飞，与一群黑衣人缠斗，不时有黑衣人惨叫倒地。一直躲在里屋的母女俩闻声也跑了出来，她们紧张地窥视着门外……

寒风在黑夜中肆无忌惮地喧嚣，门外打斗声渐渐远去，黑夜逐渐寂静。不知过了多长时间，天亮了。门外突然传来噼里啪啦的爆竹声。小年还有几天，怎么家家都放起了爆竹呢？张老伯正纳闷，忽听外面热闹异常，人们在奔走相告："南霸天死啦，南霸天死啦！再也没有害人精了，白莲姑娘为我们除害了！"张老伯闻讯，欣喜若狂地打开大门。一家人怀着感恩的心，加入了涌向南山湖的人流之中。

　　白莲姑娘居住的草庐前，围满了闻讯赶来的百姓。只见白莲姑娘身着白色的道袍，站在高高的道台中间，在霞光的映照下，宛若下凡的天仙。面对百姓，她抱拳行礼致意。百姓见状，齐刷刷跪下，异口同声地发出"仙女，仙女"的呼声。她深深一揖，说："各位施主，快快请起，回去过你们该过的日子吧！"她银铃般亲切的声音像一股暖流，慰藉着每颗善良的心。人们满怀感激之情再次跪谢姑娘，才依依不舍地离去。

　　白莲姑娘扶危济困、降魔除恶的故事被广为传诵，人们为了感激她，尊奉她为"白莲仙女"。南山湖也改名为白莲湖。

白莲湖

更多内容，请扫描二维码

相关链接

国宝溯源

青铜打击乐器——铙

青铜铙是我国最早出现的打击乐器之一，流行于商代晚期和西周早期。它的形体与铃相似，口部呈凹弧形，横断面呈叶形或椭圆形，但较铃略大且内部无舌，下有一中空圆管状短柄。铙在使用时，口部朝上，敲击发声。

2002年，在燕坊镇四联村砖瓦厂挖机取土时，出土两件商代青铜铙，一件为六边形铙，重达17.5公斤；另一件为合瓦形铙，重达14.5公斤。这两件青铜铙造型庄重，铸工精良，是珍稀的商代青铜重器，堪称永修镇县之宝。

唐 三 彩

唐三彩，属于低温釉陶器，即在烧制前，胎体上浇施黄、绿、白或黄、绿、蓝、赭、黑等釉色，形成绚丽多彩的艺术效果，其中以黄、绿、白三色为主色调。

1986年，在军山茅栗岗一带发掘清理一座唐代砖室墓葬时，出土了数十件唐三彩陶俑，主要为人物俑，亦有少量动物俑。唐三彩是唐代较为流行的陶器品种，盛行于唐代早、中期，窑口主要分布在长安、洛阳一带，在长江以南十分罕见。它的发现不仅再次打破了中原先进文化不过长江之说，而且为进一步考证唐代赣北地区文化交流，提供了重要的实物依据。

云居山塔林

云居山塔林，即得道高僧墓葬群，有自唐至今僧塔近百座，呈点状散布于云居山一带，分布面积300余平方公里。在全国佛教名山中，云居山保存名僧僧塔数量较多，尤以宋代亭阁式塔最具代表性，是中国石质僧塔建筑设计的一个典范。

塔林选址大多围绕云居山佛教庙宇，坐落在环境优雅的丛林中，采用坚硬的花岗石为材料，中部为墓塔，四周为栏杆或半封闭院墙，塔前有祭拜供台，整个塔由塔基、塔身、宝葫芦顶构成。塔林总体布局合理，石雕工艺高超，图案精美细腻，其历史、艺术、科学价值极高。2006年5月，云居山塔林被国务院核准公布为第六批全国重点文物保护单位。

（李鸣）

　　歌山咏水经典薪传，精美诗文带来美妙享受；含英咀华文脉流芳，人文光辉照亮永修历史。千百年来，不仅有以燕公楠、熊德阳、吴一嵩为代表的本土墨客对故乡情深意切，更有以李白、白居易、苏轼为代表的域外文豪对永修情有独钟，创作了不少名篇佳作，吟唱至今。让我们穿越时空隧道，重温经典，感受永修之美。

诗海拾贝

对酒醉题屈突明府厅①

〔唐〕 李白

陶令八十日，长歌归去来。
故人建昌宰，借问几时回。
风落吴江雪，纷纷入酒杯。
山翁今已醉，舞袖为君开。

修河雪景

---

①选自《李白集校注》卷二十三。屈突明府，姓屈突的建昌县令。

游云居寺赠穆三十六地主①

[唐] 白居易

乱峰深处云居路，共踏花行独惜春。
胜地本来无定主，大都山属爱山人。

云居山南

①选自《白香山诗集》卷十三。穆三十六，人名。

建昌渡暝吟①

［唐］　韦庄②

月照临官渡，乡情独浩然。
鸟栖彭蠡③树，月上建昌船。
市散渔翁醉，楼深贾客眠。
隔江何处笛？吹断绿杨烟。

唤渡亭

①选自《浣花集》卷七。诗题一作《建昌晚渡》。

②〔韦庄〕字端己，晚唐诗人、词人。

③〔彭蠡（lǐ）〕指鄱阳湖。

温　泉①

[宋]　王安石

寒泉清听永，独此沸如焚。
一气无冬夏，诸阳自废兴。
人游不附火，虫出亦疑冰。
更忆骊山下，铿然雪满塍。

更忆骊山下

①选自《云居山志》卷十六。

和子瞻内翰题公择舅中丞山房①

［宋］　黄庭坚

幽人八座②复中台③，想见书堂山杏开。
四十余年僧屈指，时因秋雁寄声来。

鹤舞鄱湖

①选自《山谷外集诗注》。子瞻内翰指苏轼，官职为翰林学士，故称内翰。公择舅中丞山房指黄庭坚舅舅李常，曾任御史中丞，留下了李氏山房书舍。
②〔八座〕隋唐时期对尚书台等高官的总称。
③〔中台〕指唐代尚书台。

次沈侍郎游楞伽李氏山房韵①

〔宋〕 朱熹

喜陪后骑陟崔嵬，竹里泉鸣古寺开。
吟罢苏仙白头句，天风更送好诗来。

五龙潭

①选自《晦庵集》卷七。李氏山房又名楞伽院。

吴城山^①

［宋］ 文天祥

龙行人鬼外，神在地天间。
彭蠡石砮^②出，洞庭商舶还。
秋风黄鹄阔，春雨白鸥闲。
云际青如粟，河流接海山。

鄱湖渔船

①选自《文山集》卷一。
②〔砮（nǔ）〕可以做箭镞的石头。

谒张睢阳庙[1]

[明] 朱元璋

神威赫赫震千峰，我亦英雄未见功。
愿借阴兵三千万，来朝助我一番风。

吴城聂公庙

---

[1] 选自《永修县志》。张睢阳庙指纪念张巡的吴城令公庙。

望　湖　亭①

〔明〕　解缙②

吴城堤上草萋萋，楼观苍茫曙色微。
一自英雄争战后，两川鸥鸟自忘机。
青山拍拍风沙满，红叶萧萧浦树稀。
遥忆故乡何处是？望湖亭下有渔矶。

望湖亭

---

①选自《永修县志》。

②〔解缙〕（1369—1415）吉水人，明初才子，任翰林学士、内阁首辅等职，主修《永乐大典》。

游云居云门庵[1]

[明] 熊德阳[2]

门让云霞相逼迫，乘风直下九溪陌。
回头一望白云门，始诧昨宵天上客。

云门寺

---

① 选自《建昌县志》。
② 〔熊德阳〕（1572—1651）字日乾，号清秀，建昌平乐岸老基熊村人，明末任太仆少卿。

170

读　书①

[明]　邹魁明②

读书莫作俗情看，一卷义文处处安。
怪石矶头风正恶，天南地北水云宽。

水上公路

---

①选自《雪交亭正气录》卷六。
②〔邹魁明〕（？—1649）三溪桥大屋坪人，明末官至兵部员外郎、河南按察使司佥事。著有《退藏集》《家书要言》等。因反清遇害，留绝命诗十首，此其十。原题为《遗嘱》。

白　菊[①]

[清]　吴一嵩[②]

冷艳全欺雪，清标独傲霜。
一秋琼比洁，三径玉为光。
月下看无影，灯前嗅有香。
素心高晚节，皎皎殿群芳。

白　菊

---

①选自《玉镇山房近体剩稿》。
②〔吴一嵩〕（1709—1773）字位中，号仰亭，吴城吉山人，追赠太仆寺卿。

吴城竹枝词二首①

[清] 赖学海②

（一）

汉朝废帝怜昌邑，肯把元封换此洲。

满目湖山犹故国，更无人问海昏侯。

（二）

货郎分设庙西东，新客来看万寿宫。

七十六行轮演戏，坊前重叠挂长红。

城市夜景

①选自《清代稿钞本》。竹枝词为民间乐府诗体。

②〔赖学海〕（生卒不详）字虚舟，广东人，寓居吴城40年，著有《吴城竹枝词》118首。

咏茶二首①

［民国］　虚云

（一）

山中忙碌有生涯，采罢山椒又采茶。
此外别无玄妙事，春风一夜长灵芽。

（二）

万卉丛中一树红，鲜妍娇丽夺春工。
山僧也学风流事，烹茶觅句对东风。

采　茶

①选自《虚云和尚全集》。原题分别是《采茶》和《游白云寺》。

词 林 撷 英

蝶恋花·暮春别李公择①

［宋］ 苏轼

簌簌无风花自䐕②，寂寞园林，柳老樱桃过。落日有情还照坐，山青一点横云破。

路尽河回人转舵，系缆渔村，月暗孤灯火。凭仗飞魂招《楚些》③，我思君处君思我。

背 影

---

①选自《东坡词》。

②〔䐕（duò）〕通"堕"。

③〔楚些（suò）〕南方的招魂歌，语出《楚辞·招魂》。

清平乐令①

[宋] 吴城小龙女

　　帘卷曲阑独倚，江展暮天无际。泪眼不曾晴，家在吴头楚尾。
　　数点雪花乱委，扑漉沙鸥惊起。诗句始成时，没入苍烟丛里。

松门草洲

①选自《诗话总龟》后集卷四十二。题于荆州江亭柱上。词牌又名《江亭怨》《荆州怨》。

殿前欢·居田园①

[宋] 董有林②

禾场前，一泓流水绕庄旋，数间草舍楼樟掩，思恋桑田。

踏雪访浩然，秉菊效陶潜，醉歌思王建，桑间摘茧，柳外欢莲。

词人故里——虬津

---

①选自《永修县志》。

②〔董有林〕（1082—1154）字淑英，建昌麻溪禾场里（今虬津镇麻潭大房董村）人，宋徽宗崇宁二年（1103）中进士。

摸鱼儿·答程雪楼见寄①

[元] 燕公楠②

又浮生、平年六十。登楼怅望荆楚。出山寸草成何事，闲却竹烟松雨。空自许。早摇落、江潭一似琅琊树。苍苍天路。谩伏枥心长，衔图翅短，岁晏欲谁与。

梅花赋，飞堕高寒玉宇。刚肠还宁馨语。英雄操与君侯耳，过眼群儿谁数。霜鬓缕。只梦听、枝头翡翠催归去。清觞飞羽。且细酌肝泉，酣歌郢雪，风致美无度。

钟 楼

①选自《雪楼集》卷三十。程钜夫名文海，号雪楼，生于吴城。本词附于程钜夫祝贺燕公楠六十寿辰的《摸鱼儿》词后。

②〔燕公楠〕（1241—1302）永修燕坊人，元代名宦，著有《五峰集》《唱论》。

满庭芳·从寒溪归云居道中和东坡赤壁词^①

［明］ 戒显^②

　　归去来兮，吾归何处？嶙峋天上云居。人间虽好，苦热似熬鱼。幸尔驱车欧阜，重登眺，万仞匡庐。鸡公畔，莲华圭壁，锦绣一时舒。

　　鹿池，幽岭下，卧云深处，面对香炉。遇虎溪三笑，凭吊嘘唏。西指柴桑故里，伊人远，五柳萧疏。从此上，湖天雪瀑，高卧翠芙蕖。

天上云居

①选自康熙版《云居山志》。
②〔戒显〕（1610—1672）明末清初临济宗高僧，号晦山，娄东（今江苏太仓）王氏子。曾任真如禅寺住持。

念奴娇·送别①

〔民国〕 张朝燮

　　茫茫荆棘，问人间，何处可寻天国？西出阳关三万里，羡你独自去得。绰约英姿，参差绿鬓，更堪是巾帼。猛进猛进，学成归来杀贼。

　　试看莽莽中原，芸芸寰宇，频年膏战血。野哭何止千里阔，都是破家失业。摩顶舍身，救人自救，认清吾侪②责。珍重珍重，持此送你行色。

王经燕、张朝燮烈士铜像

---

①选自张朝燮1925年11月25日致王经燕书信手稿。

②〔吾侪（chái）〕我们这类人。

李氏山房藏书记①

［宋］ 苏轼

象犀珠玉怪珍之物，有悦于人之耳目，而不适于用。金石、草木、丝麻、五谷、六材有适于用，而用之则弊②、取之则竭。悦于人之耳目而适于用，用之而不弊、取之而不竭，贤不肖③之所得各因其才，仁智之所见各随其分，才分不同而求无不获者，惟书乎！

自孔子圣人，其学必始于观书。当是时，惟周之柱下史④老聃为多书。韩宣子适鲁，然后见《易》《象》与《鲁春秋》。季札聘于上国，然后得闻《诗》之风、雅、颂。而楚

庐山五老峰

独有左史倚相，能读《三坟》《五典》《八索》《九丘》⑤。士之生于是时，得见"六经"者盖无几，其学可谓难矣。而皆习于礼乐，深于道德，非后世君子所及。自秦汉以来，作者益众，纸与字画日趋于简便。而书益多，士莫不有，然学者益以

---

①选自《东坡全集》卷三十六。

②〔弊〕通"敝"，破旧，损坏。

③〔贤不肖〕即贤与不贤，意即贤能的人和不贤能的人。

④〔柱下史〕掌管王室藏书的官，常侍立殿廊柱下，因而得名。

⑤〔《三坟》《五典》《八索》《九丘》〕相传是我国最古老的四部文化典籍。分别记载古代三皇、五帝、神灵事迹和九州地理。

苟简，何哉？余犹及见老儒先生，自言其少时，欲求《史记》《汉书》而不可得；幸而得之，皆手自书，日夜诵读，惟恐不及。近岁市人转相摹刻诸子百家之书，日传万纸。学者之于书，多且易致如此，其文词学术，当倍蓰于昔人，而后生科举之士，皆束书不观，游谈无根，此又何也？

余友李公择，少时读书于庐山五老峰下白石庵之僧舍。公择既去，而山中之人思之，指其所居为李氏山房。藏书凡九千余卷。公择既已涉其流，探其源，采剥其华实，而咀嚼其膏味，以为己有，发于文词，见于行事，以闻名于当世矣。而书固自如也，未尝少损。将以遗来者，供其无穷之求，而各足其才分之所当得。是以不藏于家，而藏于其故所居之僧舍，此仁者之心也。

余既衰且病，无所用于世，惟得数年之闲，尽读其所未见之书，而庐山固所愿游而不得者。盖将老焉，尽发公择之藏，拾其余弃以自补，庶有益乎！而公择求余文以为记，乃为一言，使来者知昔之君子见书之难，而今之学者有书而不读为可惜也。

谈书论道

黄荆洞纪游①

[明] 熊元哲②

　　洞在下城洞之左，四山环抱，无路可达。居人出入山水中，一步一石，九折萦纡，目不周览。

　　洞中有墓，土人谓象简朝天③，墓上镕生铁锢之。世传吴王墓④在桃花峰，此是王母墓云。

黄荆洞

　　山之石泉，非循崖而下者，如散珠斜雨，飞雪轻烟，皆有奇态。

　　初，谓水断观止矣，既而行行折入，则耕者有田，织者有葛，蚕者有桑，渔者嘻："何处无桃源哉！"

　　族祖石炤先生尝游桃峰，作记而缺黄荆，予此补尝著之，以俟问津者。

----

①选自《建昌县志》。

②〔熊元哲〕生殁不详，明末清初时平乐岸人。系永修明末名绅熊德明的侄孙。文中族祖石炤即指熊德明，号石炤、石照，创建石潭书院，著有《琐言》。

③〔象简朝天〕黄荆洞处平直矗立的山体，类似古代上朝的象笏，人称象简朝天。

④〔吴王墓〕传说为孙权祖父孙钟墓地。后文王母墓，传说是孙权母墓。

重修望湖亭记^①

〔清〕 叶一栋^②

　　吴城，楚尾也，而吴头枕此。两水夹流，一山峙立，乃西山逦迤，北脉之归宿处也。固洪都之锁钥，而江右之巨镇。于是乎巅上有亭焉，曰望湖。

　　何代创？何人建？书缺有间矣。有曰：周瑜练水军于鄱阳湖，望上游雉堞^③壁立，疑为城，抵岸，皆山也，曾即其山巅而亭之；有曰：许旌阳^④抵海昏斩蛇后，旋登此巅而望湖焉。而于古图志无可考，但付之所闻异词云耳。

　　至中丞董公^⑤记云：据人言，昉^⑥自晋太康元年，因建神惠庙，庙前创经堂寺，庙后构亭，以供游览。乃援杨公廉^⑦记，有"建置沿革未悉"之文。按亭峙山椒，由庙而左旋为亭，自亭北折而西为庙，与经堂寺相径庭。是门户各埒，非同赑屃^⑧明矣，则杨公记足为实录，可知矣。

　　大约地之传，不传于地，传于其人。而吴城之望湖亭，得与洪城之滕王阁并传为名胜，至今不替^⑨，知其有得于贤当事培葺、名大夫歌咏之力居多。粤长公^⑩还自儋耳^⑪，而登亭赋诗，亭之名特著。

---

①选自《永修县志》。

②〔叶一栋〕（1699—1778）吴城镇西庄叶村人，清乾隆元年（1736）进士，任翰林院侍读学士、鸿胪寺卿等职，著有《古文集》《朴诚堂诗》。

③〔雉堞（zhìdié）〕密集低矮的城墙。

④〔许旌阳〕即许逊，又称许真君，道教敬明忠信派始祖。

⑤〔中丞董公〕江西总督董卫国，1661—1674 年任职江西。

⑥〔昉（fǎng）〕起始。

⑦〔杨公廉〕指明朝杨廉，字方震，号月湖，丰城人，仕至南京礼部尚书，谥文恪。著书《杨文恪文集》等三十种。曾作《望湖亭重修记》。

⑧〔赑屃（bìxì）〕蠵（xī）龟的别名。旧时石碑下的石座相沿雕作赑屃状，即取其力大能负重之义。

⑨〔不替〕不衰落。

⑩〔粤长公〕这里指苏轼。

⑪〔儋耳〕今海南省儋州，当时苏轼被贬儋耳县，后赦还。

明怀宁李公接修废坠，而亭之基始坚。亭虽嚆①矢于前，由宋而明，能承权舆乎？且稽此地，固汉海昏仓廒所也。太平兴国六年始隶南昌，分属新邑。余祖初迁于此时，居民鲜少，南自黄土墈②，北抵小白岗③，蜿蜒三里许，前后河街、店屋百十数耳。丘阜间，居屋、冢墓相错。支祖时用公瘗④于小白岗巅，即今望湖亭之来岭也。遭宸濠⑤变，迁葬墨庄。

湖亭相望

其地与垅，布为睢阳庙⑥，嗣是神灵阐应。出入鄱湖者，酬赛鳞集，商贾辐辏，烟火繁而阛阓⑦丛，市廛⑧紫叠，几无隙地。而兹亭之游观益盛，如是者有年。

随得觉山杨公⑨砌石岸以固亭址，重加整理。虽规制未宏，实于亭有再造功。里人构堂奉之，亦甘棠思召伯⑩、畏垒祝庚桑⑪，志不忘欤！如是者又有年。

今则倾圮⑫殆甚，本里之绅士、土著并商贾等，目击情殷，欲修举而维新者久矣，特未得贤大夫主持之。

今幸逢山阴徐公，以名进士任吴城司马。因各愿捐费为修葺，计者进而请

---

① 〔嚆（hāo）〕呼叫。

② 〔墈（kàn）〕险陡的堤岸、山崖。

③ 〔小白岗〕后称殷家山，今望湖亭所在地。

④ 〔瘗（yì）〕掩埋，埋葬。

⑤ 〔宸濠〕指宁王朱宸濠。

⑥ 〔睢阳庙〕供奉唐朝名人张巡的庙宇。

⑦ 〔阛阓（huánhuì）〕街市；街道。

⑧ 〔廛（chán）〕古代城市平民的房地。

⑨ 〔觉山杨公〕知县杨周宪，字觉山。康熙十五年（1676）起任新建县知县，康熙十九年主编《新建县志》。

⑩ 〔召伯〕西周人姬召伯，曾在甘棠树下处理政务，始终不忘宣扬文王的德政。

⑪ 〔庚桑〕复姓，指战国时宋国大夫庚桑楚。

⑫ 〔圮（pǐ）〕塌坏，倒塌。

吴城古码头遗址

命，公允其议，率水师李君、巡司卢君与镇人士，举从前栋、楹、梁、桷①板、槛之腐朽，瓦甍②、石柱、磉③、阶之破缺者而悉空之；凡铲刈秽草，扫涤瓦砾、残石，突怒者除之，古墓暴露者瘗之，坳窪④嵚崎⑤之状尽平之。于是山木立、冈脊显，而古碑存。爰废故址而修之，鸠工庀⑥材，革其故，鼎其新，共襄厥美，以宏厥制。而台阶缠连，檐宇虚敞，周环以垣，规模则有加于前焉，以壮一镇之观。

撷八方风景之秀，罗两间物象之奇，端不外是。至于松镜谷帘⑦，东西掩映；匡峰蠡水⑧，上下逢迎；芦潭焦尾⑨点缀者，芳洲星渚；珠玑辉光者，别浦斯亭，

① 〔桷（jué）〕方形的椽子。

② 〔甍（méng）〕屋脊。

③ 〔磉（sǎng）〕柱下的石礅。

④ 〔窪（wā）〕古同"洼"。

⑤ 〔嵚（qīn）崎〕山高峻的样子。

⑥ 〔庀（pǐ）〕治理。

⑦ 〔松镜谷帘〕指吴城古代的名胜松门山石镜、谷帘水。

⑧ 〔匡峰蠡水〕指庐山和鄱阳湖。

⑨ 〔芦潭焦尾〕指海昏县古迹吴城镇芦潭和令公洲。

则又有独擅其胜者矣。

若乃春波凝绿，夏雨跳珠，秋月悬光，冬松倒影。登斯望者，有不心旷神怡，镇日流连而不能去者乎？独是莫为之前，虽美弗彰；莫为之后，虽盛弗传。故堂开平山，芳传六一；堤筑西湖，美纪东坡。今我徐公复前迹而焕新，犹四时生色，直堪媲美。余知日后者，谈西江游观名胜，接滕王高阁而首屈指者，必此望湖之亭矣。

余生长于此，惜亭之废，幸亭之兴。行将偕都人士于杨亭之上，拓湖亭之傍，共构徐公亭一座，以志不朽。是为记。

航拍吴城

涂家埠蒙难记[①]

郭沫若

涂家埠是一个大车站，位居南昌与九江之中。这在军事上是一个冲要的地方。周围有水回环着，因而在南北两段的铁路上都有铁桥。当北伐军在江西境内和孙传芳作战的时候，孙传芳便屯驻重兵于此，借铁路的联络，以策应南昌与九江两端。攻破涂家埠是很费了点力量的。

我们到达了涂家埠，倒也并不是将近一年前的战绩惊悚了我们。认真说，那样的战绩，在车站上是丝毫也看不出来了。但在那车站上确实有一样东西惊悚了我们，至少是我自己。我们在车站上，看着一列火车停在那儿，有三个车厢都挤满了兵。还有好些服装不整的兵，拥挤在月台上。火车头向着九江的一边，升着火，正冒着烟。

"这是怎么回事呢？"我惊讶了，"已经可以通车了吗？"

我们的手摇车本来还没有到换班的地点，但我要他们停下来。我到车站上去找站长。站长就在那月台上，我问他那火车是怎样的情形，他说，他也不清楚，是从牛行[②]开来的，他们逼着加煤加水，要开往九江去。

"不是说铁桥[③]炸断了吗？"

"看情形大概没有炸断吧，不然火车怎么能够开来呢？"

郭沫若北伐戎装

---

①选自《郭沫若全集》第十三卷《革命春秋》中的《海涛集·涂家埠》的第九、十、十一节。

②〔牛行〕当时南浔铁路的南昌北，牛行车站。

③〔铁桥〕永修县的涂埠铁桥，八一起义前夕被国民党军炸断，涂埠铁路工人及军民合力修通。

情形算弄明白了。我在心里这样想：这列火车是不好让它开往九江的。假如开往九江，那不是替那边增加了一个火车头和三个车厢吗？而且证明铁桥并没有断，不是又可以立刻通车运兵了吗？

因此，我便向站长说，要他不要让这列火车开出。

月台上的散兵看见我在和站长交涉，有的便簇拥上来。都是些没有符号的徒手兵，显然是在南昌缴了械的程潜①和朱培德②的部队了。他们看见我穿的是军服，起初摸不准确我是那一边的人。有的喊我是"官长"，问我究竟是怎么一回事，是湖南人的口音。我没有十分理会他们。

涂家埠老火车站

我走进站长室里去打电话。天气很热，我把皮带和上衣解了，脱在室内的一张床上。我是在裤带上佩着一枝布隆宁手枪的。我打电话给牛行车站，要他们转南昌的贺龙和叶挺，报告他们我到了涂家埠；并希望他们注意铁路的交通，要断绝就应该严密。

当我在打电话的时候，一些散兵便拥在窗外听，他们自然看准确了我的身份，知道我是什么人了。

电话不容易打通，我又走出站长室，想找一氓③来再打。待我走出月台的时候，那些散兵便簇拥上来了，立即把我包围着。我顿时感觉着情形的严重。我的手枪是上了子弹的，但不是拔出来自卫的事，而是护卫着手枪不要被人拔去的事了。我把两只手紧紧抓着手枪，约略有二十名的散兵便来抓着我，有的在喊打，有的不作声地只是出手出脚，有的争着抢我的手枪，有的争着抢我的

①〔程潜〕时任国民革命军第六军军长。

②〔朱培德〕时任江西省政府主席。

③〔一氓〕指郭沫若的战友李一氓（1903—1990）。

老桥旧影

手表。眼镜被打掉了，自来水笔被抢去了，手表被扭去了，我仍然死命地保护着手枪。从月台被打下轨道，当我倾斜着还没有倒上轨道的时候，一个家伙从附近顺手捡起一个大石头向我当胸打来，但幸好只是一个大炭渣。

大家的目标都在争取我的手枪，我又被暴徒们从轨道拉上了月台。二十几个人扭作一团，我被打倒在月台上了。结果，皮带终竟被扭断了，手枪被一个人抢了去。他举起来，愣①着仰睡在地上的我。就在这一瞬间，我自己的脑筋真是清凉透了。那真是形容不出的一种透彻的清凉。

种种的回忆在那一瞬时辐辏了起来。

一年半前由广东出发的时候，霍乱症正在流行，在爬南岭的途中，看着看着一些伕子和士兵，便倒在路旁死去，然而我没有死。

去年八月三十号打到武昌城下，跟着士兵一道去冲锋，纪德甫②是阵亡在宾阳门外的，然而我没有死。

---

① 〔愣〕原文为"楞"。
② 〔纪德甫〕（？—1926）北伐军俄文翻译，郭沫若好友。

蒋介石已经叛变了，并且下了我的通缉令，我还公然到过南京，并和军部的人员同坐一部火车由苏州到上海。那时我也没有遭逮捕，也没有死。

由上海回到武汉的时候，坐着一只英国船，船到南京城下，正遇着孙传芳反攻，两军隔江炮轰，船只好停在江心五天。那时我也没有死。……然而，没想出才要死在今天，死在这涂家埠，死在这些被缴了械的乱兵手里呀！……

清凉的意识在替自己不值，然而很奇怪，那枝手枪却没有送了我的命，而是救了我的命。

当那个把我手枪抢去的人高举手来的时候，一群殴打我的人却把我丢开，大家跑回头去争抢那枝手枪去了！

这样一个好机会还能失掉吗？我的生命便乘机脱逃，一直穿过车站，走向后面的一排工友房下。那里有齐胸高的一排方格窗，都是开着。我便在一个窗口上，用两手一按，跳进房里去了。房里沿壁都放着床，在靠北的一张床上，一位中年妇人，正抱着一个乳儿在午睡。她被惊醒了，我把来历告诉了她，请她不要声张。

不一刻，外边的哨子响了，有火车开动的声音。我知道是那站长被迫着把火车开出了。但到了这时，我也无法挽回。等调匀了气，我又慢慢从工人房走出。

奇怪，刚才那么高的窗，一按便可以跳过的，现在却是移步都感觉艰难了。虽然还在兴奋当中，但周身都已感觉着有点微痛。

一场险恶的风波过

晚年郭沫若

---

① 〔翰笙〕即阳翰笙（1902—1993）作家，郭沫若好友。

了，在月台上又看见了一氓、翰笙①和龚彬。一氓也挨了打，他是被一部分人追进一间待车室里面，躲在一只角落里，虽然受了脚踢，但还没有什么严重的伤痕。

翰笙他们的车到得迟，他们停在站外，正是我们挨打的时候。翰笙因为往田里去小解去了，得免于难。龚彬受了一部分人的追逐，幸好开火车的哨子响了，散兵们都丢下了人去抢乘火车去了。

小勤务兵呢？失了踪。这在我是一件很遗憾的事。

当我在月台开始挨打的时候，我看见他在月台的南端，把身上的驳壳拔出来，想要救护我，然而另一群散兵却把他簇拥着了，以后便不知道他的下落。车站上的人说，他被簇拥上火车去了。这定然是实在的。因为始终没有听见开枪的声音，月台上也没有什么血痕，他被架去了是毫无疑问的。但他的死活是怎样，我们至今都不知道。

那小朋友怕还不足二十岁吧？他是从前我们在南昌工作的时候跟着一氓的，一氓一定还记得他的姓名和籍贯，我是丝毫也不记忆了。只是记得他有一个还未十分成熟的身子，相当结实，不足五尺高。有一个桃子形的脸蛋，相当丰满而健康。的确是一位纯洁可爱的小鬼。但从那时以后，我们便一直不知道他的下落了。

他到底死了，还是活着的呢？假使是死了，那可以说，完全是为了我的轻率造次而死，而且他还是存心救我并打算开枪的，他更完全是替我而死了。

大家的行李都被抢光了，最可惜的是我在北伐期中的一些日记，还有是一口皮箱里面装满了的二十七枝驳壳。这武器没有成为人民的武器，而成为反人民的武器了。

相关链接

永修籍作者部分文艺作品目录

更多内容，请扫描二维码

部分长篇小说篇目一览

篇 目	作 者	出版单位	出版时间	备 注
在昂美纳部落里	郭国甫	人民文学出版社	1958 年 1 月	34 万字
梦回南国	郭国甫	解放军文艺出版社	1990 年 9 月	29 万字
悲壮的跋涉	袁鸿雁	百花洲文艺出版社	1995 年 5 月	57 万字
陶公洞	陈光来	作家出版社	2013 年 11 月	30 万字

部分中篇小说（集）篇目一览

篇 目	作 者	发表、出版单位	发表、出版时间	备 注
深深的桃坞	戴启棠	《芙蓉》	1984 年 5 月	5 万字
弯弯的玉龙溪	刘茂盛	《瀚海潮》	1987 年 1 月	6.5 万字
角 色	张 欣	《十月》	1987 年 2 月	3.5 万字
大草泊风情	戴启棠	《百花洲》	1989 年 1 月	4 万字
绛紫色的白马河	刘茂盛	百花文艺出版社	1995 年 9 月	18 万字
无敌之缘	刘进达	北京理工大学出版社	2004 年 4 月	2 万字
汉五案传奇	圣者晨雷	陕西人民出版社	2010 年 5 月	26 万字
生命是一场马拉松	夏 雨	江西人民出版社	2016 年 1 月	19 万字
海昏之谜（4 册）	吴邦国	江西人民出版社	2018 年 5 月	60 万字

部分诗歌散文集篇目一览

篇　目	作　者	出版单位	出版时间	备　注
话说吴城	蔡恒茂	文化艺术出版社	2007 年 1 月	6 万字
我　俗	侯志刚	作家出版社	2007 年 4 月	14 万字
永远的情愫	刘茂盛	中华国际出版集团有限公司	2009 年 1 月	10 万字
本草百味诗画	陈光来	江西美术出版社	2010 年 2 月	12 万字
时光并不似水	陈光来	百花洲文艺出版社	2011 年 4 月	18 万字
一个村庄里的中国	熊培云	新星出版社	2011 年 11 月	44 万字
岁月的印痕	张　欣	中国经济出版社	2012 年 9 月	22 万字
独孤求走	戊　能	百花洲文艺出版社	2013 年 12 月	13 万字
千年吴城史话	张连明	成报出版社	2014 年 1 月	11 万字
浩林溪韵	李国玺	线装书局	2014 年 10 月	18 万字
我是即将来到的日子	熊培云	新星出版社	2015 年 2 月	10 万字
永修古代诗文选注	淦家凰	百花洲文艺出版社	2016 年 1 月	45 万字
醍醐茶	叶建华	知识产权出版社	2016 年 1 月	23 万字
鄱湖鹤鸣	淦家凰	江西高校出版社	2016 年 2 月	30 万字
园丁诗文集	袁　丁	中国文联出版社	2016 年 7 月	31 万字
鄱阳湖 365 夜民间故事传说 (永修珍藏版)	张　欣	中国文化出版社	2016 年 7 月	31 万字
自在如诗	陈光来	中国文联出版社	2016 年 9 月	28 万字
追故乡的人	熊培云	广西师范大学出版社	2016 年 12 月	17 万字
永修历代诗词选	高宗华	百花洲文艺出版社	2017 年 8 月	46 万字

部分美术、摄影、书法作品篇目一览

篇 目	作 者	发表形式	发表时间	备 注
鹰击长空	丁贵池	江西省美展银奖	1985 年	国 画
离离原上草	栾 布	全国建军美展一等奖	1987 年	油 画
军旗升起的地方	王 玲	江西省工艺美术优秀作品展金奖	2007 年	剪 纸
潇湘奇观	尤金贵	江西省山水画大展获优秀奖	2013 年	国 画
宋元晋韵	尤金贵	韩国首尔美术馆举行亚细亚美展一等奖	2014 年	国 画
车水歌	金和平 李国玺	入选《世界图片音乐史》(东亚卷中国部分),德国音乐家巴赫曼主编	1989 年	民歌摄影
将军挥泪送将士	燕 平	第 19 届全国摄影艺术展览铜奖	1999 年	摄 影
快乐的农民工	徐海林	中国摄影大赛银奖	2010 年	摄 影
雾	李均忠	阿尔塔尼国际摄影大赛优秀奖	2014 年	摄 影
江南四韵	冯 卫	中国摄影家协会全国摄影展参展	2016 年	摄 影
鄱湖升明月	金和平	香港第八届全国摄影艺术展动物花卉系列金奖	2018 年	摄 影
烟雨五指峰	刘远庆	中国摄影报全国摄影大展	2018 年	摄 影
身残志坚	程应明	中国摄影报全国摄影大展	2018 年	摄 影
艺苑撷英	沈立新	文化部书法展获群英奖	1982 年	行 书
毛主席诗词	熊尧昌	日本东京都书法大展	1984 年	行 书
马到成功	余制波	中国书画大展二等奖	2008 年	草 书
司空图《二十四诗品》	蔡官华	全国第二届册页书法作品展	2012 年	行 书
汝州赋	张博玉	首届"汝帖杯"全国书法作品展一等奖	2017 年	行 书
戴宣平印痕	戴宣平	第二届黄庭坚奖书法大赛	2018 年	篆 刻
龚贤柴丈画说	张博玉	全国第三届册页书法作品展	2019 年	行 书

部分舞蹈、戏曲、音乐篇目一览

篇　目	作　者	发表形式	发表时间	备　注
黄河源头	编导：戴征洋	香港盛世夕阳红舞蹈大赛钻石奖	2016 年	群　舞
柘林湖上	编导：戴征洋	北京中国美夕阳红舞蹈大赛金奖	2017 年	群　舞
放生记	陈乃庄	《戏剧世界》发表	1986 年	剧　本
打底劝夫	表演：周江宁　张振红	韩国阿里郎民间艺术节文化交流演出	2018 年	丫丫戏
红花满山开	作词：叶　果　编曲：李正生	中央人民广播电台《每周一歌》播放	1958 年	单曲（察溪民歌改编）
四季花开	作词：戴启棠　作曲：李国玺	江西省民歌演唱会创作奖	1981 年	单　曲
船工号子	作词：柴建柱　李国玺　作曲：李国玺	上海全国民歌演唱会三等奖	1987 年	单　曲
卖花调	编曲：李国玺	江西省民歌汇演一等奖	1987 年	单曲（永修民歌改编）
毕业晚会	词 / 曲：熊初保	入选 CCTV "2006 毕业歌" 主题歌	2006 年	单　曲
南京 1937	作曲：熊初保	江苏音像出版社	2007 年	大型音乐套曲
从　前	作词：陈光来　作曲：熊初保	江苏凤凰电子音像出版社	2016 年	DVD 专辑 12 首
云居真如禅	作词：陈光来　作曲：熊初保　陈光来等	青莲音像出版社	2017 年	DVD 专辑 16 首，由众多著名歌星演唱
烛光里的老师	词 / 曲 / 唱：蔡正胜	QQ 音乐独立发行	2018 年	CD 专辑 12 首
自在如歌	词 / 曲：陈光来	北京电视艺术中心音像出版社	2019 年	CD 专辑 19 首，其一获 2018 年江西省文艺精品创作资助项目

后 记

　　为充分挖掘永修地方文化，传承弘扬永修人文精神，2017年县政协正式启动《永修读本》的编写工作。此书经过精心策划，广泛征文，严格遴选，裨补缺漏，集思广益，反复推敲，精雕细琢，历时两年，修改十二稿，现终于付梓。

　　《永修读本》的编撰得到了各级领导和社会各界的广泛关注与大力支持，特别是县委原书记应炯、县委书记许斌、县长郑绍非常重视，提出了明确要求；县政协主席杨泽旗经常听取汇报，指导编写；县四套班子其他领导也提出了许多宝贵意见。另外，还得到了县关工委、史志办、宣传、教育、文化、电视台等部门和编撰人员所在单位的鼎力支持。适值出版之际，谨向所有关心、支持此书编写工作的各级领导、专家学者、教师以及提供各种资料的同志表示崇高的敬意和衷心的感谢！

　　筚路蓝缕，以启山林；人文继起，薪火相传。此书的出版，希望能达到宣传永修、启迪后人的效果。由于我们能力水平有限，书中错误在所难免，恳请大家批评指正。

《永修读本》编委会

2019 年 8 月 12 日

特别鸣谢

一、应邀集中改稿人员

张周连　吴　怡　熊巧丽　叶　芳　葛宝林　龚晶晶　梅秀凤　吴咏梅　孔维友
张守根

二、应邀审阅座谈人员

戴会阶　张治淼　袁晓涛　张义武　刘茂盛　胡　新　熊　辉　赵玉文　于建勇
吴学宝　熊雪峰　淦小炎　陈前金　张　欣　王代芹　梁　莉　张青松　姚伯华
闵　玲　叶久保　吴　怡　吴咏梅　梅秀凤　孔维友　葛宝林　邹和鸣　舒康平
淦淼荣　赵　文　郝能远　汪昌华　张　文　张善保　袁晓红　林　忠

三、拍摄图片视频人员

宋建明　李　鸣　金和平　陈光来　刘远庆　余永冬　熊培云　罗勇来　李均忠
郑文斌　张小林　程应明　王伊力　王江云　王桂英　张群龙　张学文　李启宪
蔡安荣　燕　平　徐　彬　徐国庆　程　文　卢小扬　陈　龙　刘加子　邓　英
熊红钢　杜成光　杨瑜华　王璐姝　姜敏强（姓名排列以拍摄图片多少为序，最
后两位为视频拍摄者；因少数图片和视频的作者不详而未能列名，借此一并表示
感谢！）